中华人民共和国
家庭教育促进法
解读

中国教育学会家庭教育专业委员会
编 著

朱永新 ◎ 主编

新华出版社

图书在版编目（CIP）数据

中华人民共和国家庭教育促进法解读 / 中国教育学会家庭教育专业委员会编著；朱永新主编. -- 北京：新华出版社，2022.4
ISBN 978-7-5166-6240-3

Ⅰ.①中… Ⅱ.①中…②朱… Ⅲ.①家庭教育－教育法－法律解释－中国 Ⅳ.①D922.165

中国版本图书馆CIP数据核字（2022）第055287号

中华人民共和国家庭教育促进法解读

编　　著：	中国教育学会家庭教育专业委员会	主　编：	朱永新
出版 人：	匡乐成	出版统筹：	许　新
责任编辑：	徐　光　刘宏森　王依然	封面设计：	李尘工作室

出版发行：新华出版社
地　　址：北京石景山区京原路8号　　邮　　编：100040
网　　址：http://www.xinhuapub.com
经　　销：新华书店、新华出版社天猫旗舰店、京东旗舰店及各大网店
购书热线：010-63077122　　中国新闻书店购书热线：010-63072012
照　　排：六合方圆
印　　刷：北京明恒达印务有限公司
成品尺寸：148mm×210mm　1/32
印　　张：9.75　　　　　　　　字　　数：220千字
版　　次：2022年12月第一版　　印　　次：2022年12月第一次印刷
书　　号：ISBN 978-7-5166-6240-3
定　　价：48.00元

版权专有，侵权必究。如有质量问题，请与出版社联系调换：010-63077124

序

中国教育学会会长　朱之文

"家是最小国,国是千万家。"2021年10月23日,第十三届全国人民代表大会常务委员会第三十一次会议表决通过了《中华人民共和国家庭教育促进法》(以下简称《家庭教育促进法》),2022年1月1日起《家庭教育促进法》已经全面正式施行。《家庭教育促进法》的颁布,是大力弘扬中华民族家庭美德的法治体现,是促进未成年人健康成长和全面发展的法治保障,是落实立德树人根本任务的有力支撑。这是我国有史以来第一次针对家庭教育进行专门立法,真正的将家庭教育这件"家事"变成了"国事"!它标志着家庭这个最小的社会组织的育人职能在我国得到了法律的认可与保障,具有划时代里程碑的意义。

家庭是社会的基本细胞,家庭的前途命运同国家和民族命运紧密相连。党的十八大以来,习近平总书记就注重家庭、注重家教、注重家风建设,明确提出了"要重视家庭文明建设,努力使千千万万个家庭成为国家发展、民族进步、社会和谐的重要基点""家庭是人生的第一所学校，家长是孩子的第一任老师，要给孩子讲好'第一课'，帮助扣好人生第一粒扣子"等一系列新理念、新思想和新要求。《家庭教育促进法》的颁布实施，是贯彻习近平总书记有关家庭教育重要论述和党中央一系列重大决策部署的体现，必将对新时代中国教育乃至社会发展产生深远的影响。

《家庭教育促进法》自正式颁布实施以来，受到了全社会的关注。全国上下各有关部门、各新闻媒体、各相关机构都进行了广泛的宣传报道。教育部高度重视，将其列为重点工作作出部署安排，充分发挥职能作用，指导各地和相关部门开展形式多样的学习宣传活动，运用多种形式加强对法律的宣传教育普及，在积极推动《家庭教育促进法》落地生根、深入人心上做了大量富有成效的工作。

由于种种原因，我们也必须清醒地看到，在《家庭教育促进法》的宣传解读上，也存在着碎片化多、系统化少，浅表化多、深度化少，社会化多、专业化少，感性化多、理性化少等许多不容忽视的问题。从各方面反馈出来的情况看，对于如何切实推动未成年人的父母或者其他监护人担负起家庭教育的主体责任，如何充分调动各方面的积极性共同抓好社会协同这篇大文章，等等，大家都希望有更专业的、具有权威的家庭教育工作者对广大的家长朋友进行更为深度有趣的解读、科学有效的指导、具体问题的帮助，以便更好地贯彻推动《家庭教育促进法》的落地实施，更好地实现《家庭教育促进法》的宗旨，促进家校社的协同，实现教育的公平高质量发展，更好地完成立德树人根本目标任务。

欣闻中国教育学会家庭教育专业委员会牵头组织编写了《家庭教育促进法解读》一书，非常高兴。近年来，在朱永新理事长带领下，中国教育学会家庭教育专业委员会在家庭教育的研究、宣传、推广上，凝聚了全国一大批有实力有影响的专家人才，开展了大量卓有成效的研究实践推广工作，积累了很多有高度、有深度、接地气的家庭教育研究成果。这次他们在新华出版社的大力支持下，组织全国各地专家、大家、名家一起，通过多次深度探讨论证，集智聚力，对《中华人民共和国家庭教育促进法》进行系统深度解读，是非常必要、非常及时的，具有非常现实和深远的意义。

我们有理由相信，《家庭教育促进法解读》编委会的专家同仁们在编辑中一定会站在实现中华民族伟大复兴全局的高度来正确理解《家庭教育促进法》，认真做好《家庭教育促进法》的法律宣传普及和贯彻落实；一定会特别关注《家庭教育促进法》在普法实施中遇到的重点、难点、热点、疑点问题；一定会更系统、更全面、更科学、更深度、更有趣地准确解析和及时回应社会各界对《家庭教育促进法》的关切盼望；一定会向大家呈现一本具有国际大视野、本土真情怀、国内领先、专业、权威的《家庭教育促进法》解读的好读本。我也由衷感谢家教专委会、新华出版社各位专家的辛勤付出和努力。我们期待着这本《家庭教育促进法解读》会像一场及时雨，带给广大的家庭父母、所有家庭教育工作者更具体、详细、生动的普法解读和具体帮助;期待中国教育学会家庭教育专业委员会在普及《家庭教育促进法》的宣传中发出自己独特的重要声音,贡献更多的智慧成果;期待着更多读者朋友能够在各自的领域科学有效地落实《家庭教育促进法》的各项规定,共同为中国的家庭教育事业作出自己的更大贡献。

第一章 《中华人民共和国家庭教育促进法》的指导思想 / 1

第二章 中国家庭教育的优良传统 / 21

第三章 国外家庭教育立法与借鉴 / 43

第四章 《中华人民共和国家庭教育促进法》的历史沿革 / 59

第五章 《中华人民共和国家庭教育促进法》出台的时代背景 / 77

第六章 《中华人民共和国家庭教育促进法》的立法意义和价值 / 105

第七章 《中华人民共和国家庭教育促进法》的时代特性 / 131

第八章 《中华人民共和国家庭教育促进法》的家庭教育主体责任 / 151

第九章　《中华人民共和国家庭教育促进法》的家庭教育内容 / 171

第十章　《中华人民共和国家庭教育促进法》的家庭教育方式方法 / 191

第十一章　尊重规律　尊重孩子　尊重科学是家庭教育的基本要求 / 221

第十二章　全面落实国家支持和促进家庭教育的法定职责 / 241

第十三章　家庭教育的社会协同 / 265

第十四章　《中华人民共和国家庭教育促进法》法律责任对未成年人父母的行为规制 / 289

后　记 / 300

第一章

《中华人民共和国家庭教育促进法》的指导思想

家庭建设是国家建设、社会建设的基石，是民族文化道德传承的重要基础，是社会和谐发展的稳定器。家庭教育是家庭建设的基础工程，是人生教育的第一课，是一个人世界观、人生观、价值观形成的重要基础。加强家庭建设，重视家庭教育，养成良好家风，是培育和弘扬社会主义核心价值观，发扬光大中华民族传统家庭美德的重大举措和重要任务。2021年10月23日，第十三届全国人民代表大会常务委员会第三十一次会议通过了《中华人民共和国家庭教育促进法》（以下简称《家庭教育促进法》），明确家长在家庭教育中的第一责任人的地位和作用，为构建家庭教育体系、促进家庭教育发展夯实法律基础，为推进家庭教育的系统化、法治化、规范化与科学化发展提供了法制保障。《家庭教育促进法》开宗明义指出制定本法的目的是："为了发扬中华民族重视家庭教育的优良传统，引导全社会注重家庭、家教、家风，增进家庭幸福与社会和谐，培养德智体美劳全面发展的社会主义建设者和接班人。""家庭教育以立德树人为根本任务，培育和践行社会主义核心价值观，弘扬中华民族优秀传统文化、革命文化、社会主义先进文化，促进未成年人健康成长。"[①] 习近平总书记关于注重家庭家教家风的重要论述，是我们学习贯彻《家庭教育促进法》的根本指导思想，是做好家庭教育工作的根本遵循。我们要深入学习习近平总书记关于家庭家教家风的重要论述，从弘扬中华民

[①] 《中华人民共和国家庭教育促进法》，2021年10月23日第十三届全国人民代表大会常务委员会第三十一次会议通过，新华网，2021年10月24日。

族传统美德、传承红色基因、加强社会主义精神文明建设的高度加深认识、提高站位，增强推进新时代家庭文明建设的责任感使命感。我们要以贯彻落实《家庭教育促进法》为契机，不断完善维护家庭成员合法权益、促进家庭功能发挥的法律体系，为家庭教育和光大家教文化提供制度保障。

一、家庭建设是国家和社会建设的重要基石

习近平总书记高度重视家庭、家教、家风建设，党的十八大以来，习近平总书记对家庭、家教和家风建设发表了许多重要论述。习近平总书记在2015年春节团拜会上的讲话中强调指出："家庭是社会的基本细胞，是人生的第一所学校。不论时代发生多大变化，不论生活格局发生多大变化，我们都要重视家庭建设，注重家庭、注重家教、注重家风，紧密结合培育和弘扬社会主义核心价值观，发扬光大中华民族传统家庭美德，促进家庭和睦，促进亲人相亲相爱，促进下一代健康成长，促进老年人老有所养，使千千万万个家庭成为国家发展、民族进步、社会和谐的重要基点。"[①]

习近平总书记关于注重家庭家教家风的重要论述，深刻阐明了家庭家教家风建设的重大意义、目标任务和实践要求，深刻地指出了家庭在人一生成长中的重要作用，家教在人一生教

---

① 《中共中央国务院举行春节团拜会 习近平发表重要讲话》，《人民日报》2015年02月18日，第01版。

育中的重要作用，深刻地阐明了家国关系以及家庭在国家发展、民族进步、社会和谐中的特殊重要性，深刻地指明了家庭建设对于培育和弘扬社会主义核心价值观，发扬光大中华民族传统家庭美德的特殊重要性，为我们把培育和弘扬社会主义核心价值观融入家庭教育指明了方向，为我们进一步深化认识家庭教育是家庭建设的重要基础及其在传播社会主义核心价值观中的重要作用指明了方向，是我们加强家庭建设、重视家庭教育、养成良好家风的根本遵循。

作为社会的基本细胞，家庭是我们每个人的灵魂所系、血脉所在、精神所依，是连接个人和社会的重要纽带。家教是长辈融化于爱之中的教诲，是人生的第一课，也是家庭建设的基础。家风是一个家庭的风气、风格与风尚，是社会风气的晴雨表。在我们这个有着五千多年优秀传统文化教化的国度里，家庭、家教和家风是我们中华文化绵延不断的根脉，是社会稳定、和谐的基石，是中华民族血脉永续的源泉、生生不息的精神营养，是最能滋养美好品质，构筑中国梦，树立正确价值观的重要渠道。如何把社会主义核心价值观融入家庭，贯穿于社会生活的方方面面，充分发挥家教、家风的德治效果就显得尤为迫切和重要。

习近平总书记关于家庭建设的重要论述，思想深刻、内涵丰富、意义深远。深入学习必须深刻理解其精神实质。家庭建设实现的重要途径是结合培育和弘扬社会主义核心价值观，发扬光大中华优秀传统文化和中华民族传统家庭美德，促进社会和谐，促进家庭和睦，促进亲人相亲相爱，促进下一代健康成长，促进老年人老有所养，最终实现国家发展、民族进步、社会和谐的目标。

高度重视和加强家庭建设是党中央立足长远，顺应时代，推进国家治理体系和治理能力现代化，优化社会风气，建设和谐社会，确保国家长治久安、繁荣富强的重大战略举措，对于我国构建社会主义和谐社会具有重要的现实意义和长远的战略意义。

第一，深刻认识家庭建设的极端重要性。无论对个人、集体，还是整个社会，家庭都发挥着不可替代的基石作用，是国家发展、民族进步、社会和谐的重要基点。家庭建设，家教、家风，是构成"德治"的重要基础，对于一个人品德形成、道德养成、价值观的培育都具有不可替代的作用。和谐的家庭关系，不仅是塑造一个人正确的世界观、人生观、价值观的重要基础，而且对于社会稳定发展具有重要意义。

回望人类文明发展史，当曾经与中华文明一起相互辉映的古埃及文明、古巴比伦文明、古印度文明、古希腊文明相继解体，这些曾经放射过耀眼光芒、星汉璀璨的古老文明，在历史发展中相继断层，纷纷逝去或陨灭时，中华文明却以其经久不衰的生命力，历尽波折、起伏跌宕而从未中断。中华文化哺育了中华民族，是中华民族永续蔓延、中华文明源远流长的精神支柱。

回望中华民族发展史，在五千多年的发展中，为什么中华民族始终以其顽强的毅力和生命力，历经磨难而信念弥坚，饱尝艰辛而斗志更强，历经生死存亡的考验，而愈挫愈勇、愈挫愈奋、愈挫愈坚？靠的就是中华文化传统形成的精神凝聚和共同培育的民族精神，而贯穿其中的最重要的主线是人们共同坚守的理想信念，以及渗透到我们骨髓里、血液里、细胞中的家国情怀。这种精神、理想、信念和情怀，深深熔铸在我们民族的生命力、凝聚力和创造力之中，成为中华民族生存与发展的力量源泉和文化根基。

家是最小的国，国是千万个家。有了强的国，才有富的家。国家两相依，密切不分离。我们的祖先早在造字的时候，就寄托了中华民族家国一致的和谐理想、家国同辉的大同情怀，奠定了家国关系的社会目标。千百年来，中国社会在其稳固发展中与西方国家以宗教维系社会发展不同，特别重要的一条，就是非常重视家庭这一社会的基本细胞，在国家发展、民族进步、社会和谐中的重要基点作用。在中国人的世界观中，只有每一个家庭和谐美满，整个国家才能安定团结，社会才会繁荣富强。

第二，重视家庭建设，注重家庭、家教、家风，是我们中华民族的优良传统。 在这个有着几千年儒学教化的国度里，无论是家庭还是国家，多把仁德作为"修身、齐家、治国、平天下"的最高境界和准则，并以此作为人生的追求和道德境界中最理想的人格，且以"修身""齐家"作为"治国""平天下"的准备。"身修而后家齐，家齐而后国治，国治而后天下平"，而仁德传承的重要途径就是重视家庭建设，中心环节就是注重家庭教育、家风建设，家庭成为传播社会传统主流价值观的重要渠道、社会稳定和谐发展的重要助推器。

在中国社会的历史发展中，特别注重中华传统文化和传统美德的教化、培育、熏陶，而这些最初都是从家庭这一人生的第一所学校即家庭教育启蒙的。"子不教，父之过"，中国人社会人生的启蒙教育,都是从家庭开始的。因此,家庭不仅是中华文化薪火相传、绵延不断、发展创新的重要基点,也是国家发展、民族进步和社会和谐稳定的重要基点。

第三,家庭建设是家庭、家教、家风形成的基础。家庭建设包括家庭、家教、家风等丰富内容,是家庭、家教、家风形成的基础。家庭建设是社会建设的基础工程。家庭是人生的起点站、出发地。父母是孩子的第一任老师,良好的家庭教育是家庭建设的基础、家庭幸福的力量源泉,对孩子的成长有着至关重要的意义;家风是家庭的软实力、营养剂,培育优良家风是营造风清气正的党风政风的重要基础。

新时代的家庭建设,要维护家庭的和谐稳定、建立融洽的家庭关系;新时代的家庭,应当成为社会和谐、家庭和睦,积极向上的代表;新时代的家庭教育,要重视家教对青少年成长的作用、承担道德教育重要职责、倡导科学教育方法;新时代的家风建设,要形成尊老爱幼、诚实守信的道德风尚和爱党爱国、有梦追梦的精神追求。

搞好家庭建设,家庭成员形成品行端正、作风正派、诚实友善的人格,对促进形成良好的社会风气、促进社会文明进步具有重要意义。加强家庭建设,首先,要紧密结合培育和弘扬社会主义核心价值观,使家庭建设与社会发展同方向、同呼吸、同频率,紧跟时代步伐,适应社会需要,成为倡导正能量、促进社会文明建设的基本细胞。其次,要继承和发扬中华民族传统家庭美德。要在家庭中积极倡导尊老爱幼、孝顺父母、礼让兄弟、和睦相处的思想理念,让家庭的温馨和睦成为家庭成员在社会上忠厚友善、诚实守信的道德和情感基础。再次,要担负起养老抚幼的社会责任。孝敬老人、教育子女是每个家庭的义务,也是每个家庭必须做好的功课。最后,要重视家风建设。好的家风对教育培养优秀人才、促进社会文明建设具有不可替代的作用。坏的家风,则贻害无穷,不仅会给孩子带来负面影响,而且也会给社会造成危害。因此,每个家庭都要重视家庭建设,通过家风教育,引导孩子健康成长,形成健康向上的心态、端正诚实的品格、美好善良的情感,为孩子走向社会打下坚实基础。

二、家庭是传播社会主流价值观的重要渠道

家庭是社会的细胞。家庭和睦则社会安定,家庭幸福则社会祥和,家庭文明则社会文明。2016年12月12日,习近平总书记在会见第一届全国文明家庭代表时的讲话中指出:"历史和现实告诉我们,家庭的前途命运同国家和民族的前途命运紧密相连。我们要认识到,千家万户都好,国家才能好,民族才能好。国家富强,民族复兴,人民幸福,不是抽象的,最终要体现在千千万万个家庭都幸福美满上,体现在亿万人民生活不断改善上。同时,我们还要认识到,国家好,民族好,家庭才能好。"[①] 2018年9月10日,习近平总书记在全国教育大会上

---

① 《习近平在会见第一届全国文明家庭代表时强调 动员社会各界广泛参与家庭文明建设 推动形成社会主义家庭文明新风尚》,《人民日报》2016年12月13日,第01版。

的重要讲话中指出:"办好教育事业,家庭、学校、政府、社会都有责任。家庭是人生的第一所学校,家长是孩子的第一任老师,要给孩子讲好'人生第一课',帮助扣好人生第一粒扣子。"①

第一,教育始于家庭,青少年世界观、人生观、价值观的形成始于家庭。家对每个人来说都充满着美好、温暖和向往,从不同的角度理解体会,都有着丰富的内涵。从家庭的生活功能和作用看,家庭是人们生存生活的地方,是一个人生存、成长、发展的基础;从家庭的社会功能和作用看,家庭是社会最基本的组织单位,是连通个人与社会的纽带和桥梁,是一个人从生物人成长为社会人的基础;从家庭的教育功能和作用看,家庭是人的思想成熟、精神成长、价值观形成的基础。正是从这个意义上说,家庭是人生的第一所学校,人的品德、道德教化的第一课。因此,围绕社会主义核心价值观构建家庭文化,营造文明、和谐、健康的家庭生活,加强家庭教育,对于青少年健康成长具有重要意义。

人类的文明进步从家庭开启,家风是家庭文化的标志,是中华优秀传统文化与家庭精神文化追求的融合,其核心是家庭价值观,是影响一个人成长的文化基础。提倡父慈子孝、夫义妻贤、兄友弟恭;待友诚信、为人正直、处事循义;尊老爱幼、尊敬师长、抚贫怜弱。而仁德传承的重要途径就是重视家庭建设,中心环节就是注重家庭教育、家风建设,家庭成为传播社会传统主流价值观的重要渠道、社会稳定和谐发展的重要助推器。

---

① 习近平:《坚持中国特色社会主义教育发展道路 培养德智体美劳全面发展的社会主义建设者和接班人》,《人民日报》2018年09月11日,第01版。

第二,中华文化是中华民族共有的精神家园。2014年2月24日,习近平总书记在中共中央政治局第十三次集体学习时讲道:"中华文化源远流长,积淀着中华民族最深层的精神追求,代表着中华民族独特的精神标识,为中华民族生生不息,发展壮大提供了丰厚滋养。"① 中华文化哺育了中华民族,是中华民族永续蔓延、中华文明源远流长的精神支柱和根本源泉。中华文化融合形成了中华民族独特的向心力、凝聚力、共同的理想信念,熔铸塑造了中华民族的民族精神、思想观念、价值追求,引领、融通、聚合、形成了中华民族强大的文化引导力和精神原动力,而贯穿其中的最重要的主线是人们共同坚守的理想信念,以及渗透到我们骨髓里、血液里、细胞中的家国情怀。这种精神、理想、信念和情怀,深深熔铸在我们民族的生命力、凝聚力和创造力之中,成为中华民族生存与发展的力量源泉和文化根基。中华优秀传统文化是中华民族的"根"和"魂",是当代中国核心价值观的思想渊源。文化是民族的血脉,是人民的精神家园。文化认同的核心是对普遍价值的认同,这种价值认同,随着历史的进程而不断加深,凝结构成了中华文化的血脉,最终成为中华民族的血脉。因此,中华民族共同创造的中华文化,是中华民族共有的精神家园。千百年来,在中国社会的形成发展中,由中华文化滋润的中华家庭文化和家庭教育文化,深深地扎根和烙印在家庭和每个人的灵魂之中,成为我

---

① 习近平:《把培育和弘扬社会主义核心价值观作为凝魂聚气强基固本的基础工程》,《人民日报》2014年02月26日,第01版。

们中华民族生生不息、永续延绵的历史记忆和成长基因。在中国社会的历史发展中，特别注重中华传统文化和传统美德的教化、培育、熏陶，而这些最初都是从家庭这一人生的第一所学校即家庭教育启蒙的。因此，家庭不仅是中华文化薪火相传、绵延不断、发展创新的重要基点，也是国家发展、民族进步和社会和谐稳定的重要基础。

第三，发扬光大中华民族传统家庭美德。2015年2月17日，习近平总书记在春节团拜会的讲话中讲道："紧密结合培育和弘扬社会主义核心价值观，发扬光大中华民族传统家庭美德，促进家庭和睦，促进亲人相亲相爱，促进下一代健康成长，促进老年人老有所养，使千千万万个家庭成为国家发展、民族进步、社会和谐的重要基点。"[①] 培育和弘扬社会主义核心价值观是时代赋予教育的重大使命。当前，我国开启全面建设社会主义现代化国家新征程，向第二个百年奋斗目标进军。历史、现实、未来，都要求我们必须努力建立和健全与社会主义市场经济相适应、与社会主义法律法规相协调、与中华传统美德相承接的社会主义思想道德体系，大力培育和弘扬社会主义核心价值观，加强家庭建设，充分发挥家庭、家教、家风的德治效果就显得尤为重要。在当代中国，加强家庭建设、重视家庭教育、养成良好家风，是培育和弘扬社会主义核心价值观、发扬光大中华民族传统家庭美德的重大举措和重要任务。

---

① 《中共中央国务院举行春节团拜会 习近平发表重要讲话》，《人民日报》2015年02月18日，第01版。

三、家庭教育是家庭建设的重要基础

"天下之本在国,国之本在家。"家庭教育是一个人的世界观、人生观、价值观形成的重要基础,在人一生的成长过程中、在社会风气和社会文明的形成发展中都具有强本铸魂的奠基作用。①

第一,家庭教育是人生教育的第一课,是学校教育、社会教育的基础。家庭教育是教育的起点和基点,家庭建设的基础,也是一切教育的基础。无论对个人、集体,还是整个社会,家庭都发挥着不可替代的基石作用,是国家发展、民族进步、社会和谐的重要基点。良好的家庭教育、和谐的家庭关系,不仅是塑造一个人正确的世界观、人生观、价值观的重要基础,而且对社会稳定发展具有重要意义。

中华民族历来重视家庭教育,在家教方面积累了宝贵经验。探讨中华民族家教的内容、方法与特点,总结中华民族家教的经验与规律,对当代家庭教育具有重要的启示意义。一个民族,没有优秀的文化、振奋的民族精神和高尚的道德品质,就不可能自立于世界民族之林。自古以来,中华民族在发展中就形成了世代相传的中华优秀传统文化、中华优秀传统美德,并深深熔铸在以爱国主义为核心的伟大的民族精神之中,体现在基本的道德规范

---

① 《习近平在会见第一届全国文明家庭代表时强调 动员社会各界广泛参与家庭文明建设 推动形成社会主义家庭文明新风尚》,《人民日报》2016年12月13日,第01版。

之中。诸如,"天下兴亡,匹夫有责"的爱国情怀,"敬业乐群,公而忘私"的奉献精神,"先天下之忧而忧,后天下之乐而乐"的崇高理念,"大道之行,天下为公"的社会理想,等等,不胜枚举。

中华民族素以重视家庭教育闻名世界。我国不仅有着数千年延续、积淀而成的重视家教的优秀传统,而且积累了丰富的家教资源。在浩瀚而又绚烂多彩的古代文化丛林中,蕴藏着极其丰富的家训和蒙学教材。中国历代保留下来的著名传世家训、经典蒙学教材,都是家庭教育的精神瑰宝,也是重视家庭在社会发展中的教育作用的重要体现;既是我国历代家庭教育的经验总结,也是我国历代家长的智慧结晶和教子方法的心血荟萃。

第二,父母是孩子成长的首任教师和品德塑造的引路人。我国历来重视家庭教育,教育后代,重视言教,更重身教。为了让儿女立足家庭,胸怀祖国,早日成才,做父母的很早就在家庭中对孩子开始了教育,内容涉及人生的各个方面,凝结、积淀着我们的民族文化与文明精华。诸如:以立德为本,注重光明高尚的道德人格;树立远大的志向,提倡刻苦的学习精神;以读书做人为要,注重文品和人品的一致;培养清廉宽厚、尊老爱幼的待人态度,训练勤勉俭朴的持家作风;等等。诸如教子不得过于溺爱、偏爱、纵容骄惰;不得要求过严,而要一视同仁;不得重才轻德,而要重视德才兼备;不得言而无信,而要以身作则等。这些人生的哲理、处世的德行,不仅陶冶了我们民族的性格,也形成了独特的民族传统,是中华民族弥足珍贵的文化遗产。合理地汲取我国古代文化中丰富的家教经验,对于提高全民族的文化素养和道德修养,促进全社会的精神文明;对于培养一代优秀人才,塑造出伟岸的人格；对于进行传统的道德教育，促进全社会的精神文明建设，都具有重要价值和强大的生命力。

第三，树立新时代的家庭价值观。我国传统家教文化是古人对家庭教育深入思考的智慧结晶，对传统家教的内容、方法、途径等，通过创造性转化、创新性发展必将对今天的家庭教育发挥重要作用。中华文明独特的价值体系，是中华文化的核心与灵魂，是中华民族共同的价值观。

家庭是孩子的第一个课堂，父母是孩子的第一任老师。家庭教育是人生的第一课，其精髓是把"培养熔铸光明伟岸的道德人格"作为第一要务，将立德置于"立德立功立言"三不朽首位。价值是人类文明的灵魂，核心价值观是一个民族和国家的灵魂，独特的精神追求和统一的意志行动，是全社会共同的文化和价值认同。社会主义核心价值观是兴国之魂，是中国特色社会主义的内核，是培养社会主义建设者和接班人的核心要义。青少年是国与家的希望和未来，是中华传统美德的传承者，也是培育和弘扬社会主义核心价值观的实践者。面向现代化、面向世界、面向未来，中国青少年肩负着实现中华民族伟大复兴的重任。因此，我们在广大青少年中大力加强中华传统优秀文化教育、中华传统美德教育，大力培育和弘扬社会主义核心价值观，既要注重纳入国民教育全过程，也要高度重视家庭建设、家庭教育、家风建设，渗透到日常的学习生活之中，努力做到春风化雨，润"心"无声。

新时代应当树立怎样的家庭教育价值观，对于社会主义核心价值观建设具有重要意义。家庭教育价值观是社会主义核心价值观的重要组成部分。当前，我们要以社会主义核心价值观思想核心和内容为统领,弘扬中华优秀传统文化和家庭教育文化,树立新时代的家庭教育价值观。新时代家庭教育价值观的深刻内涵主要包括以下内容:

一是树立崇高的家国情怀。家国情怀是一个人对国家和人民的深情大爱,对国家富强、人民幸福的理想追求,是中华儿女的心灵家园,是中华民族的精神支柱。倡导个人、家庭和国家的有机统一,个人理想、家庭愿景和国家目标的有机统一,个人风度、家风风范和社会风气的有机统一。

二是树立高尚的道德风范。把立德树人放在第一位,铸就光明伟岸的道德人格。古人将"立德"置于"三不朽"首位,而立德的内容主要是忠孝,在家能孝,于国则忠。要求子女尊敬长辈,尽反哺之情,报养育之恩;要求为官尽力,从政清廉,"勿以善小而不为,勿以恶小而为之",实现道德的高度自觉。

三是树立博大的仁爱之心。仁爱是中华民族美德中最具特色的部分。"仁"是中华民族道德精神的象征,是基本道德中最基本的也是最高的标准。仁德的核心是爱人,即"仁者爱人",是中华民族传统美德的集中体现,也是中国家庭和睦、社会和谐稳定、民族团结、国家强盛的基石。

四是树立勤勉的乐学思想。树立远大志向,勤奋读书学习,是中华民族的精神追求,耕读传家是中国社会的优良传统。千百年来,我们中华民族的一代代人都是通过家庭教育、宗族祠堂教育、社会教育、国家正规学校教育等,接受仁爱、友善、孝慈、正直、良心、诚信、廉洁、勤学等精神信念教育的。"三人行必有我师""读万卷书,行万里路"的求索精神,是中华文化的象征。

五是树立勇敢的担当精神。以天下为己任,"天下兴亡,匹夫有责";"先天下之忧而忧,后天下之乐而乐";"苟利国家生死以,岂因祸福避趋之"的处事态度和担当,已经内化为中华民族的精神力量。

四、优良家风是淳正民风、良好社风、清正政风的基础

家风正,则民心淳;民风正,则社稷安。家风直接关系到社会风气的建设,家风连成社风,社风融成国风。有良好的家风,才能有良好的社风乃至国风。道德规范是支撑一个社会发展的基本道德力量。重视从自我修养做起、从家庭家风开启,建立基本道德规范和基本道德秩序,是中华民族做人、治家、兴国的优良传统。

深入学习习近平总书记关于重视家庭建设、弘扬优良家风的重要论述,深刻认识、充分发掘和弘扬优良家风,对于传承中华优秀传统文化、弘扬社会主义核心价值观、营造风清气正的党风政风具有重要的思想价值和现实意义。党的十八大以来,我们党将领导干部的家风建设摆在更加重要的位置。在培育优良家风中营造风清气正的党风政风,是习近平总书记治国理政的重要思想。

第一,深刻认识家风建设的重要意义。家风连着民风,家风正则民风淳;民风连着社风,民风淳则社风正;社风育政风,社风正则政风清。培育优良家风,是中华优秀传统文化的一大

特色，也是培育淳正民风、良好社风、清正政风的基础。在我国，从古至今"家"与"国"都紧密相连，家庭兴旺与社会和谐、国家发展息息相关。家庭作为道德教育的起点，是连接个人、社会和国家的桥梁纽带。中华优良家风是中华优秀传统文化的重要组成部分。优良家风承载着中华民族独特的文化基因，蕴藏着丰富的传统美德和民族精神，记录了许多感人肺腑的名人典故和至理名言。

第二，树立新时代新家风。如何弘扬优良家风、坚守家风的优良传统，这就要求我们在工作中勤勉做事、厚德做人，保持清正廉洁的作风和形象，全心全意地以公仆的实干精神为人民服务好、谋福祉。在生活中更应该严格要求家人、子女，在坚守和传承中华民族优秀传统家训家风的基础上，树立新时代新家风。

一要养成好学向上的家风。每个家庭都应当在家庭中营造一种崇尚学习的氛围，让全体家人从书本中得到更多的启迪和收获，从学习中丰富知识、提升素养、明白事理，养成好学向上的家风。

二要养成严守法纪的家风。每个父母都要以身作则，严格用党纪国法约束自己，要求别人不做的自己首先不做，为亲属子女严守法纪做好表率。

三要养成勤俭节约的家风。勤俭节约一直都是中华民族的优秀品质，理应成为一种家庭美德和习惯，成为一种良好的家风。

四要养成廉洁自律的家风。廉洁的家风能促进廉洁的作风，每个家庭都要树立廉洁自律的家风。

第三，家风是党风、政风、作风的重要组成部分。家庭、家教、家风，阐释了个人品行修养同家庭命运与国家和民族前途的关系。一个国家由千万个小家组成，千万小家由每个人构成，个人品行的优劣、家庭家风的好坏，直接关涉国家统治秩序的安定和社会的稳定发展。

家风是家庭生活方式、文化氛围的体现。家风是社会风气的晴雨表，不仅是我国历代家庭教育的内容，也直接关系着社会风气的教化和形成。在当今社会开放、价值多元，环境复杂多变的社会背景下，要培育良好的家风，一是必须体现新时代特点，坚持积极向上的主流价值取向，以社会主义核心价值观为指导，树立全家共同认同的正确的家庭教育价值观；二是必须把教育孩子做人、把道德教育作为家风建设的基础；三是家长必须首先加强自身修养，通过言传身教、耳濡目染、潜移默化的行动教育孩子；四是各级领导干部必须带头涵养好家风，把家庭建设作为加强和形成良好党风建设和社会风气建设的"检验场"，努力形成淳正家风与优秀作风的良性互动。

加强家庭家教家风建设，要聚焦培育和践行社会主义核心价值观这个根本任务，抓好青少年品德教育，深化文明家庭创建，推动全社会树立新时代家庭观。从中华优秀传统文化中汲取精神养分，崇德治家、廉洁齐家、勤俭持家，以醇正的家风涵养清朗的党风政风社风，形成全社会共建家庭文明的良好局面。

家和万事兴，共圆中国梦。家庭教育是中华民族延续不息的精神营养，是最能帮助我们树立健康而强大价值观的地方。只要家庭成员之间都和睦相处、相亲相爱，千千万万"家和"

的力量必将汇聚成社会和谐的强大精神动力,为国家和社会进步提供源源不断的正能量,共圆平安、健康、幸福的家庭梦,共圆中华民族伟大复兴的中国梦。

当前,我国正进入加快推进社会主义现代化的新发展阶段,实现第二个百年奋斗目标和中华民族伟大复兴的中国梦的新的历史时期。如何加强和引导家庭教育的正确方向,如何把价值观教育融入家庭教育,如何推进家庭教育科学发展,如何加快学校教育、社会教育与家庭教育相结合、相融合,培养全面发展的优秀人才,这些都是新时期、新阶段我国教育事业,以及学校教育、社会教育和家庭教育共同面临的重大课题和重要任务。因此,汲取中华优秀传统家教文化精华,加强家庭文明建设,学习家庭教育促进法,推动家庭教育与学校教育、社会教育的有机结合和相互促进,把握新时代我国家庭建设、家庭教育、家风建设发展方向和路径,就显得尤为重要。

(作者翟博为中国教育学会家庭教育专业委员会常务副理事长,中国教育报刊社党委书记、社长)

中国家庭教育的优良传统

《中华人民共和国家庭教育促进法》（以下简称《家庭教育促进法》）第一条开宗明义指出："为了发扬中华民族重视家庭教育的优良传统，引导全社会注重家庭、家教、家风，增进家庭幸福与社会和谐，培养德智体美劳全面发展的社会主义建设者和接班人，制定本法。"也就是说，发扬中华民族重视家庭教育的优良传统，是制定《家庭教育促进法》的重要目的。

在中国古代，家庭不仅是生产和生活的单位，而且是实施教育的基本单位。儿童无论是否进学校，家庭教育总是须臾不可离的。对于读小学之前的孩童而言，家庭更是他们的第一所学校，父母则是他们的第一任老师。因此，古代教育家非常重视家庭的教育功能，如清代陆世仪说："教小儿，不但是出就外傅谓之教，凡家庭之教最急。"[1] 另一清代教育家孙奇逢也指出："端蒙养，是家庭第一关系事。"[2] 他们都把家庭教育视为童蒙教育的关键和基础。

在中国古代，子女无论是长于身边还是远离他乡，无论是位高官大还是职卑力弱，父母都给予特别的关注。子女的行为也无时不受父母的监督、调控，极少有家庭对子女的所作所为视而不见、置若罔闻。即使子女已成家立业、建功获爵也是如此。正因为如此，中国历史上流传着许多动人的家庭教育佳话，如"孟母三迁""岳母刺字""三娘教子"等；涌现出许多家庭教育的理论文献，如颜之推的《颜氏家训》、袁采的《袁氏世范》、庞尚

---

[1] 陆世仪撰：《思辨录辑要》卷一，《小学类》。
[2] 孙奇逢撰：《孝友堂家训》。

鹏的《庞氏家训》、吴麟徵的《家诫要言》、陈宏谋的《五种遗规》、孙奇逢的《孝友堂家训》，等等。至于以家长身份用诗歌、格言等形式教诲子女的书文，则是汗牛充栋、不计其数了。

《家庭教育促进法》第一章第五条，第二章第十五条、第十六条、第十七条等内容，都充分借鉴和吸收了中国家庭教育的诸多优良传统的内容。本章拟就此内容进行介绍。

一、注重家国情怀

注重家国情怀的培养是中国家庭教育最显著的特点。

所谓家国情怀，简单地说就是个人对家庭和国家共同体的认同和热爱。其基本内涵包括家国同构、共同体意识和仁爱之情，其实现路径强调个人修身、行孝尽忠、重视亲情、乡土情结、民族精神、爱国主义和天下意识。从本质上说，家国情怀是对自己的家庭、家乡和国家，以及生于斯长于斯的人民表现出的深情大爱，是一种高度的认同感、归属感、责任感和使命感。

家国情怀是中华优秀传统文化的基本内涵之一。儒家的代表著作《大学》提出的"三纲领"和"八条目"被认为是中国人家国情怀最经典的表达。"大学之道，在明明德，在亲民，在止于至善。"所谓"明明德"，就是发扬光大人固有的天赋和道德；所谓"亲民"，是指发扬了善性之后就可以治理国家，治理国家的关键是要亲爱人民；所谓"止于至善"，就是要努力达到道德的至善境界。这三个纲领是《大学》提出的教育纲领和培养目标。

在此基础上,《大学》提出了著名的"八条目",作为实现"三纲领"的具体步骤——"古之欲明明德于天下者,先治其国;欲治其国者,先齐其家;欲齐其家者,先修其身;欲修其身者,先正其心;欲正其心者,先诚其意;欲诚其意者,先致其知;致知在格物。"格物、致知、诚意、正心、修身、齐家、治国、平天下,把个人—家庭—国家的逻辑关系演绎得非常清晰,强调重视个人修养是治人的前提以及治国平天下和个人道德修养的一致性。

从某种意义上说,正是家国情怀促进了中华文明连绵不断的演变推进。从商周时代开始,中国已经形成以血缘关系为纽带、以集体协作生产为特点、以家族亲疏关系为分配继承标准、以小农经济为基础,把父子、兄弟、夫妇等个体家庭成员的私人关系,扩大为一种公共社会政治秩序和规范的公共关系,从而形成家国同构,将伦理与政治交叉重叠的紧密联系。

应该说,中华文明在和西方文明的相似起点开始,走出了两条不同的道路。西方文明的源头——古希腊、古罗马,从原始性的集体协作生产被家庭个体生产代替之后,又通过发展家庭私有制逐步瓦解了氏族宗法制度,步入相应的文明社会发展。

由于家国同构的文化源远流长,中国传统社会形成的思想观念和行为准则,也就是孔子推行的以周礼为核心的儒家思想影响了一代又一代人。从一定意义上说,那种与国家民族休戚与共的壮怀,那种以百姓之心为心、以天下为己任的使命感,往往就来自那个叫作"家"的、个体生命开始的地方。我们的文化、历史,处处彰显着我们这个民族对家的坚守、对国的热爱。家与国这两个字的组合,也彰显了中国人家国情怀的文化基因。

从《礼记》的"欲治其国者,先齐其家;欲齐其家者,先修其身",到顾宪成的"风声雨声读书声声声入耳,家事国事天下事事事关心";从霍去病的"匈奴未灭,何以家为",到杜甫的"烽火连三月,家书抵万金";从陆游的"王师北定中原日,家祭无忘告乃翁",到于谦的"一寸丹心图报国,两行清泪为思亲";从顾炎武的"天下兴亡,匹夫有责",到周恩来的"为中华之崛起而读书"……家国情怀深植于中国人的心田,岁月深长,情感深邃。无数仁人志士的成长都与家国情怀相关。历史已经证明:凡是将个人成长和个体事业与家国有效连接的,都是能够做出大事的人。他们将自己的事业与天下苍生的苦难捆绑在一起,把天下国家纳入自己的视野关注之中。

中国传统家庭教育的家国情怀已经根深蒂固,成为我们每个人的文化基因。几乎可以说,在中国人的思想观念里,国与家虽有上下之别、大小之差,可是,总体来说,却是整体与局部的关系,每个中国人下意识里都会将两者紧密联系在一起。国成为家的延伸,是一个大家庭;家是国的细胞,是一个小单位。没有家就没有国,个体的幸福导致群体的强大,没有国的强盛就没有家的稳固,国破家亡的愁绪千年流传。历史的大潮也一再表明,只有将个体的生命融入家国情怀的大厦之中,个人才能成长,也才能取得伟大的成就。

二、注重早期教育

注重倡导在家庭中尽早对儿童进行启蒙，强调早期教育，也是中国传统文化关于家庭教育的重要特点。如西晋时期的葛洪认为："少则志一而难忘，长则神放而易失，故修学务早。及其精专，习与性成，不异自然也。"① 就提倡应尽早进行教育，这是因为人在少年时精神专一，容易接受各种知识，养成行为习惯，为以后的成长打好基础。南北朝时期的颜之推也指出："人生小幼，精神专利，长成已后，思虑散逸；固须早教，勿失机也。"②

宋代教育家程颐、程颢也积极主张进行早期教育。他们说："古人自幼学，耳目游处，所见皆善，至长而不见异物，故易以成就。今人自少所见皆不善，才能言便习秽恶，日日消铄，更有甚天理？"③ 认为"幼学"是立圣之基，对人的发展具有关键作用。如果没有这个根基，就好像"作室而无基也，成亦难"④。

明代沈鲤在批评不重视蒙学的风气时更明确提出："蒙养极大事，亦最难事。盖终身事业此为根本，而混沌初开，非可以一夕取效者。乃世俗不知，反轻视之，不但教学先生自处太轻，即主家礼仪亦甚疏简，谓不过训蒙而已，庸讵知所系之重而用功之难，与讲授大学者，反倍蓰之哉？"⑤ 他认为蒙学"所系之重""用

---

① 《抱朴子·外篇·勖学》。
② 《颜氏家训·勉学》。
③ 《二程集·遗书卷二》。
④ 张伯行辑：《小学集解·小学辑说》。
⑤ 《文雅社约·义学约》。

功之难"非讲授大学可比,是最重要也是最困难的事。这是因为"终身事业此为根本",是人一生所受教育最关键的时期。

至于家庭早期教育的起始问题,有些教育家认为"自能食能言而教之"①,如清代王夫之从"习与性成"的理论出发,提出应在儿童能动作、讲话时就及时进行熏陶教育。他这样写道:

人之皆可为善者,性也;其有必不可使为善者,习也。习之于人大矣,耳限于所闻,则夺其天聪;目限于所见,则夺其天明;父兄熏之于能言能动之始,乡党姻娅导之于知好知恶之年,一移其耳目心思,而泰山不见,雷霆不闻;非不欲见与闻也,投以所未见未闻,则惊为不可至,而忽为不足容心也。故曰:"习与性成。"成性而严师益友不能劝勉,赏重罚不能匡正矣。②

他认为在家庭中进行的儿童教育宜早不宜迟,应在孩童知觉方萌、言语初始之时就进行,以助其形成良好的品质与行为。这里实际上还揭示了教育的一条重要规律——塑造易,改造难。既然从人诞生之日起就已开始被塑造,教育的过程也应从此起步。

还有一些教育家主张家庭早期教育从胎教开始。汉代刘向的《列女传·周室三母》就记载过文王之母太任的"胎教":"太任者,文王之母,挚任氏中女也。王季娶为妃。太任之性,端一诚庄,惟德之行。及其有娠,目不视恶色,耳不听淫声,口不出敖言,能以胎教。溲于豕牢而生文王。文王生而明圣,太任教之,以一而识百。君子谓太任为能胎教。"又指出:"古

---

① 张伯行辑:《养正类编》卷二,《小学》。
② 《读通鉴论》卷十。

者妇人妊子，寝不侧，坐不边，立不跸；不食邪味，割不正不食，席不正不坐；目不视于邪色，耳不听于淫声。夜则令瞽诵诗道正事，如此则生子形容端正，才德必过人矣。故妊子之时，必慎所感；感于善则善，感于恶则恶。人生而肖万物者，皆其母感于物，故形音肖之。文王母可谓知肖化矣。"早于刘向的另一西汉教育家著有《胎教》的专文，并主张"胎教之道，书之玉版，藏之金柜，置之宗庙，以为后世戒"。① 此后，东汉的王充，南北朝的颜之推，西晋的张华，唐代的孙思邈，宋代的朱熹、二程、陈自明，元代的朱震亨，明代的万全、许相卿等均有大量论述。② 这些论述虽不乏荒诞无稽、不合科学之言，但其中也

---

① 《贾子新书·胎教》。
② 如王充说："喑聋跛盲，气遭胎伤，故受性狂悖。羊舌似我初生之时，声似豺狼，长大性恶，被祸而死。在母身时，遭受此性，丹朱、商均之类是也。性命在本，故《礼》有胎教之法。"（《论衡·命义篇》）；颜之推说："古者，圣王有胎教之法：怀子三月，出居别宫，目不邪视，耳不妄听，音色滋味，以礼节之。"（《颜氏家训·教子》）；张华曰："妇人妊身，不欲令见丑恶物、异类鸟兽，食当避异常味；不欲令见熊黑虎豹、射雉，食牛心、白犬肉、鲤鱼头。席不正不坐，割不正不食。听诵诗书讽咏之音，不听淫声，不视邪色。以此产子，必贤明、端正、寿考。所谓父母胎教之法。"（《博物志·杂说下》）；孙思邈曰："旧说凡受胎三月，逐物变化，禀质未定。故妊娠三月，欲得观犀象猛兽、珠玉宝物，欲得见贤人君子、盛德大师，观礼乐、钟鼓、俎豆，军旅陈设，焚烧名香；口诵诗书、古今箴诫；居处简静，割不正不食，席不正不坐；弹琴瑟，调心神，和情性，节嗜欲。庶事清净。生子皆良，长寿忠孝，仁义聪慧，无疾。斯盖文王胎教者也。"（《千金方·妇人方上·养胎》》）；万全云："古有胎教，凡视听言动，莫敢不正，喜怒哀乐，莫敢不慎。故其子女多贤，此非贤母不能也。盖过喜则伤心而气散，怒则伤肝而气上，思则伤脾而气郁，忧则伤肺而气结，恐则伤肾而气下。母气既伤，子气应之，未有不伤者也。"（《妇人科·确论胎养数条》）。

有若干合理的内核。① 如"视恶色""见丑恶物"或"出乱言"及"怒"等，会对孕妇的情绪产生消极影响，导致胎儿对环境的不适，造成中枢神经失调，有可能成为低能儿；而"淫声"之类的噪音，也会使胎儿躁动不安，出世后可能产生适应不良。反之，弹琴抚瑟、心神安静、情绪平和，对胎儿的健康成长自然是十分有益的。所以，通过"胎教"给胎儿创造良好的胎内环境，这个古人提出的命题如何用现代科学的理论与技术去诠释、发展，仍是需要进一步探索的课题。

三、注重行为训练

中国古代教育家从孩童的身心特点出发，强调家庭教育应侧重于道德行为教育，加强行为习惯训练，即所谓"教之以事"。

如朱熹说："古之教者有小学，有大学，其道则一而已。小学是事，如事君，事父兄等事；大学是发明此事之理，就上面讲究所以事君、事父兄等事是如何。"② 他在《童蒙须知》中更明确地指出："夫童蒙之学，始于衣服冠履，次及言语步趋，次及洒扫涓洁，次及读书写文字，及有杂细事宜，皆所当知。"很显然，在家庭中进行的教育，主要任务就是对儿童进行行为习惯的训练，让他们知道做什么和怎么做，即所谓"使由之"；

---

① 参见武杰、蔡鼎文：《中国古代儿童心理学思想述评》，载《江西师范大学学报》1984年第1期。
② 张伯行辑：《小学集解·小学辑说》。

而进入学校之后，则需要给他们讲解这样做的道理，即所谓"使知之"。

宋代吕大临也系统阐述了"小学"与"大学"这两个阶段的教育内容与辩证关系。他说："小学之教，艺也，行也；大学之教，道也，德也。礼乐射御书数，艺也；孝友睦姻任恤，行也；自致知至于修身，德也；所以治天下国家，道也。古之教者，学不躐等，必由小学，然后进于大学。自学者言之，不至于大学所止则不进；自成德者言之，不尽乎小学之事则不成。"① 在他看来，家庭教育（"小学"）的内容是礼乐射御书数之艺和孝友睦姻任恤之行，而学校教育（"大学"）的内容则是致知修身之德和治国平天下之道。前者是基础，侧重于道德的陶冶；后者是前者的发展，侧重于理论的指导。要做一个品德完善的人，"不尽乎小学之事"是不行的；而要做一个学问渊博的人，"不至于大学所止"也是难以办到的。

这说明，侧重于行为训练的家庭教育是为人的基础。正因为如此，中国古代教育家编著的蒙学教材无不侧重阐明行为训练的基本要求，如朱熹的《童蒙须知》、屠羲时的《童子礼》、陈瑚的《小学日程》、程端蒙和董铢的《程董二先生学则》、真德秀的《家塾常仪》、高贲亨的《洞学十戒》等，都明确而具体地规定了学童的行为规范。如《童子礼》分初检束身心之礼，入事父兄、出事师长尊通行之礼和书堂肄业之礼三部分，盥栉、著衣、叉手、肃揖、拜起、跪、立、坐、行、言语、视听、饮食、

---

① 张伯行辑：《小学集解·小学辑说》。

洒扫、应对、进退、温清、定省、出入、馈馔、侍坐、随行、邂逅、执役、受业、朔望、晨昏、居处、接见、读书、写字等三十目，明示了行为规范的每一个细节。如"居处"的内容是：

  端身正坐。书籍、笔砚等物，皆令顿放有常。其当读之书，当用之物，随时从容取出，不得信手翻乱。读用已毕，复置原所，毋使参错。其借人书物，当置簿登记，及时取还，毋致遗失。

  从古代一直流行到现在的《弟子规》，就是一本经典的行为训练蒙学教材。这本书是清代李毓秀所撰，三字一句、叶韵上口，但由于它入孝出悌的内容更为突出，所以被称为"开蒙养正之最上乘"。全篇是对孔子"弟子入则孝，出则悌，谨而信，泛爱众，而亲仁。行有余力，则以学文"思想的阐释与发挥。它问世以后风靡一时，几令《三字经》废弃。兹录数条如下：

  凡是人，皆须爱，天同覆，地同载。
  行高者，名自高，人所重，非貌高。
  才大者，望自大，人所服，非言大。
  己有能，勿自私，人有能，勿轻訾。
  勿谄富，勿骄贫，勿厌故，勿喜新。
  人不闲，勿事搅，人不安，勿话扰。
  人有短，切勿揭，人有私，切莫说。
  道人善，即是善，人知之，愈思勉。
  扬人恶，即是恶，疾之甚，祸且作。
  善相劝，德皆建，过不规，道两亏。

  可以看出，这一类的规范便于操作运用，学童循之有据，所以对于行为习惯的训练作用颇大。从现代心理学的观点来看，重视儿童的行为训练也是合乎儿童身心发展的客观规律的。在感知—运动阶段，儿童的表象和模仿能力特别强，所以对行为的模仿与习得有重要意义。从7岁左右，儿童进入具体运算阶段，逐步脱离自我中心，产生初步的责任感和自律。在12岁左右，少年期（或青年前期）的儿童迈入形式运算阶段。儿童"从具体事物中逐渐解放出来，有利于把兴趣朝着不在当前的而在未来的事物方向发展。这年龄阶段除对当前现实作出适应外，还具有远大理想，同时也是掌握理论的开始"[1]。这就清楚地表明，儿童在12岁左右才能接受比较抽象的理论，在此之前，主要还是通过表象、模仿等功能获得行为、形成习惯。这不能不说与中国古代学者对包括了家庭教育在内的15岁以前的蒙学"教之由之"和15岁以后的学生"使之知之"的设想有暗合之处。自然，古人没有也不可能达到今人的境界。

在行为养成训练方面，中国古代特别重视父母自身言行对子女的影响。清初陆世仪说："教子功夫，第一在齐家，第二在择师。若不能齐家，则其子自孩提以来，爱憎笑，必有不能一轨于正者矣，虽有良师，化诲亦难。"[2] 这说明家庭在儿童教育中具有重要的、学校无法替代的作用，如果父母不能"齐家"，虽然以后有"良师"教诲，其效果也甚微。所以，他特别强调父母用自身的行为去影响儿童："教子须是以身率先，每见人

---

[1] [瑞士] J. 皮亚杰、B. 英海尔德：《儿童心理学》，吴福元译，商务印书馆1980年版，第98页。
[2] 《思辨录辑要》卷十，《修齐类》。

家子弟，父兄未尝著意督率，而规模动定、性情好尚，辄酷肖其父，皆身教为之也。念及此，岂可不知自省。"① 张履祥也认为"人各欲善其子，而不知自修，惑矣"②，强调父母的"自修"对教育子女的意义。为什么要强调父母的作用呢？这是由于父母与子女有着亲情、血缘关系，朝夕相处，甘苦与共，子女离开母体后仍与父母有千丝万缕的联系。在耳濡目染之中，自然能接受父母潜移默化的影响。颜之推称之为"风化"的过程。他说："夫风化者，自上而行于下者也，自先而施于后者也。"③ 这是一种上行下效的"风化"，不需要任何的强制。

事实上，重视行为教育也是重视道德伦理的教育。在家庭教育中，伦理道德教育是通过行为规范、行为训练形式出现的，两者是二而一、一而二的。在行为训练的各种章约条规中，无不容纳了爱整洁、讲礼貌、守规矩、贵谦让等品德教育的内容。

四、注重正面教育

中国古代教育家比较注意对儿童的正面引导，主张在家庭教育中通过正面教育对孩子施加积极影响。明代教育家王廷相就说过："童蒙无先入之杂，以正导之而无不顺受……壮大者已成驳僻之习，虽以正导，彼以先入之见为然，将固结而不可

---

① 《思辨录辑要》卷十，《修齐类》。
② 《杨园先生全集》卷二十六。
③ 《颜氏家训·治家》。

解矣,夫安能变之正?故养正当于蒙。"① 这里所说的"正导"就有正面引导的意思。也就是说,只有以正确的东西影响儿童,才能取得先入为主的效果,德育工作才不致陷于被动。明代王阳明从儿童的心理特点论述了正面教育的意义:

  大抵童子之情,乐嬉游而惮拘检,如草木之始萌芽,舒畅之则条达,摧挠之则衰萎。今教童子,必使其趋向鼓舞,中心喜悦,则其进自不能已。譬之时雨春风,沾被卉木,莫不萌动发越,自然日长月化。若冰霜剥落,则生意萧索,日就枯槁矣。故凡诱之歌诗者,非但发其志意而已,亦所以泄其跳号呼啸于咏歌,宣其幽抑结滞于音节也。导之习礼者,非但肃其威仪而已,亦所以周旋揖让,而动荡其血脉,拜起屈伸,而固束其筋骸也。讽之读书者,非但开其知觉而已,亦所以沉潜反复而存其心,抑扬讽诵以宣其志也。凡此所以顺导其志意,调理其性情,潜消其鄙吝,默化其粗顽。日使之渐于礼义而不苦其难,入于中和而不知其故,是盖先王立教之微意也。②

  王阳明认为,儿童的心灵总是向着一切美好的东西敞开的,必须循循善诱,调动儿童的积极性,就像有经验的园丁应该让幼苗有充分舒展的余地,而不是"摧挠拘检之"。正面教育犹如时雨春风,能发其意志,肃其威仪,开其知觉,使儿童的天性得到尊重;反之,则犹如冰霜剥落,使儿童畏首缩尾,从而怨恨师长,得不到健康成长。清代张行简也有更简洁明了的表

---

① 《雅述·上篇》。
② 《王文成公全书·训蒙大意示教读刘伯颂等》。

述:"人生童年,得春令发生之气。善教者,总以诱掖奖劝为主,即施教刑时,亦须用诱掖奖劝语。"① 要求在教育童蒙不得已采用惩罚手段时,也不忘记正面教育,采用"诱掖奖劝"语。

清代王筠还论述了正面教育对于那些"笨拙执拗"儿童的教育意义。他说:"孔子善诱,孟子曰教亦多术,故遇笨拙执拗之弟子,必多方以诱之;既得其机之所在,即从此鼓舞之,蔑不欢欣,而唯命是从矣。若日以夏楚为事,则其弟固苦,其师庸乐乎?"(《教童子法》)。在他看来,那些"笨拙执拗"的儿童尤其需要正面教育。因为只有通过正面教育,才能使他们产生愉快的心理体验,从而听从父母和老师的教导;反之,如果动辄体罚,"以夏楚为事",或使他们畏惧而不学,或使他们顽拗而违抗,父母和教师也只能陷于无能为力、进退两难的窘境。

五、注重严慈相济

《家庭教育促进法》第二章第十七条第 5 款明确提出家庭教育要"严慈相济,关心爱护与严格要求并重",这也是直接来源于中国家庭教育的优良传统。如颜之推说:"父母威严而有慈,则子女畏慎而生孝矣。吾见世间,无教而有爱,每不能然;饮食运为,恣其所欲,宜诫翻奖,应诃反笑,至有识知,谓法当尔。骄慢已习,方复制之,捶挞至死而无威,忿怒日隆而增怨,

---

① 张行简:《啸孙轩制艺文稿·塾中琐言》。

逮于成长,终为败德。"① 他认为做父母的关键是"威严而有慈",威严中有慈爱,慈爱里寓威严;当慈爱时慈爱,当威严时威严。否则,会使孩子无所适从、不识好歹,"终为败德"。

宋代教育家袁采对于严与慈、爱与教关系的论述也颇有创意。在他那本被尊称为家庭教育专著"《颜氏家训》之亚"的《袁氏世范》中,他写了如下一段值得玩味的话:

人之有子,多于婴孺之时,爱忘其丑,恣其所求,恣其所为。无故号叫,不知禁止,而以罪保母;陵轹同辈,不知戒约,而以咎他人。或言其不然,则曰小未可责,日渐月渍,养成其恶,此父母曲爱之过也。及其年齿渐长,爱心渐疏,微有疵失,遂成憎怒,摭其小疵以为大恶。如遇亲故,装饰巧辞,历历陈数,断然以大不孝之名加之,而其子实无他罪,此父母妄憎之过也。爱憎之私,多先于母氏,其父若不知此理,则徇其母氏之说,牢不可解。为父者须详察此,子幼必待以严,子壮无薄其爱。

在袁采看来,父母一般易出现两种倾向,即在子女婴孺之时倍加溺爱,所求必应,袒护纵容;在子女年齿渐长之后,则严加苛责,吹毛求疵,小错重罚。这表现了父母教养无方、妄憎爱的通病。因此,在教育过程中不妨反其道而行之,"子幼必待以严,子壮无薄其爱",使幼童从小养成良好的行为习惯。其实,袁采指出的弊病,也是现代父母经常出现的两种倾向。所以,这段论述仍有其现实意义。这也从另一侧面突出了袁采"教子当在幼"的观点。爱孩子是父母的天性,但如果爱之不以其道,

---

① 《颜氏家训·教子》。

陷于溺爱，也会适得其反，给孩子以消极的影响。

在严慈相济问题上，中国古代家庭教育比较注重父亲与母亲的不同作用，即父母各自扮演角色的不同。在古代，父亲是家庭至高无上的权威，家庭教育的成败也主要由父亲承担，如《三字经》所说的"养不教，父之过"，就是明证。儒家"三纲五常"的伦理长期规范统治中国社会，支配人们的生活，"父为子纲""夫为妻纲"是古代社会的行为准则。父亲的经济地位和社会的道德支持，决定了父亲"占据一种无需有任何特别的法律特权的统治地位"。① 父亲可以干预、操纵子女的一切，可以调节母亲训育子女的方式。相形之下，母亲则没有父亲具有的权威。母亲在成为妻子之前，生活资料由自己的父亲分配；在成为妻子和母亲后，生活资料由丈夫那里得到；丈夫去世，则由儿子提供赡养。所以母亲恪守着"在家从父，出嫁从夫，夫死从子"的畸形道德规范。另一方面，儒家的孝悌道德又要求子女必须尊重和孝顺母亲，并由此派生出母亲作为家庭教育次要主体的地位。这样，母亲既是被"统治"的，又是家庭教育的次要主体，"贤妻"与"良母"的双重责任由此而产生。

六、注重教材编写

中国家庭教育注重把知识教育与伦理教育有机结合，注重

---

① 恩格斯：《家庭、私有制和国家的起源》，《马克思恩格斯选集》第4卷，人民出版社1972年版，第70页。

蒙学教材的编写。早在周代就出现了发蒙识字的课本《史籀篇》,[①]在此之前以口相传的家庭启蒙教育无疑是存在的。到汉代时,已有比较稳定的启蒙教材,如教学童识字、习字的《苍颉篇》《凡将篇》《急就篇》《元尚篇》等。汉以后,蒙学教材更是一发而不可收,据不完全之统计,各类蒙学书目(含丛书)已达1 215种之多。[②]影响较大的有《急就篇》《三字经》《千字文》和《幼学琼林》等。《急就篇》是汉唐时流传最广的识字教材,由汉元帝时黄门令史游所作,内容包括姓字、衣着、农艺、饮食、器用、音乐、生理、兵器、飞禽、走兽、医药、人事等方面,全文押韵且无一复字,有七言、三言和四言句。如第十章"言农艺与饮食":

稻黍秫稷粟麻秔,饼饵麦饭甘豆羹。
葵韭葱薤蓼苏姜,芜荑盐豉醯酢酱。
芸蒜荠芥茱萸香,老菁蘘荷冬日藏,
梨柿柰桃待露霜。枣杏瓜棣馓饴饧,
园菜果蓏助米粮。

《三字经》是宋以后流行最广的蒙学教材,相传是南宋王应麟所撰,内容包括为学之益、名物常识、历史知识、道德说教、

---

① 《汉书·艺文志》载:"《史籀篇》者,周时史官教学童书也。……《苍颉》七章者,秦丞相李斯所作也;《爰历》六章者,车府令赵高所作也;《博学》七章者,太史令胡母敬所作也,文字多取《史籀篇》。"由于该书早已失传,已无从推知其内容,但它为四字一句,且为周宣王时太史籀所作,已为共识。
② 据《中国传统蒙学书目》(初稿)统计。参见徐梓、王雪梅编:《蒙学要义》,山西教育出版社1991年版,第230—338页。

读书次序等，三字一句，句句成韵。如其开宗明义写道：

人之初，性本善。性相近，习相远。
苟不教，性乃迁。教之道，贵以专。
昔孟母，择邻处，子不学，断机杼。
窦燕山，有义方，教五子，名俱扬。
养不教，父之过。教不严，师之惰。
子不学，非所宜。幼不学，老何为？

《千字文》也是古代广为流传的蒙学教材，它的编写有一个神奇的故事。说是梁武帝为教子识字，让殷铁石选了一千个不重复的字，然后交给周兴嗣，让他组织条贯，编次以韵。周兴嗣竟然"一夕编缀进上，鬓发皆白"。杂乱无章的一千个文字符号，经作者一夜的工夫，成了对仗工整的绝妙文章。《千字文》包括天文地理、历史政治、动物植物、道德规范、民间成语、农业知识等，以识字为主。如开篇数句：

天地玄黄，宇宙洪荒。日月盈昃，辰宿列张。
寒来暑往，秋收冬藏。闰余成岁，律吕调阳。
云腾致雨，露结为霜。金生丽水，玉出昆冈。
剑号巨阙，珠称夜光。果珍李柰，菜重芥姜。
海咸河淡，鳞潜羽翔。龙师火帝，鸟官人皇。
始制文字，乃服衣裳。推位让国，有虞陶唐。

《幼学琼林》是古代蒙学教材中部头最大的一本，为明代程登吉所撰，它不拘于四言、五言或三言、七言的长短，只求偶句成对，所以比较灵活，便于成诵。全书分天文、地舆、岁时、朝廷、文臣、武职、祖孙父子、兄弟、夫妇、叔侄、师生、朋友宾主、婚姻、妇女、外戚、老幼寿诞、身体、衣服、人事、饮食、宫室、器用、珍宝、贫富、疾病死丧、文事、科第、制作、技艺、讼狱、释道鬼神、鸟兽、花木等33篇，堪称幼儿教育的百科全书，是古代难得的一部综合性蒙学教材。如该书《兄弟》篇说：

天下无不是底父母，世间最难得者兄弟。

须贻同气之光，无伤手足之雅。

玉昆金友，羡兄弟之俱贤；伯埙仲，谓声气之相应。

《讼狱》篇首亦云：

世人惟不平则鸣，圣人以无讼为贵。

上有恤刑之主，桁扬雨润；下无冤枉之民，肺石风清。

虽囹圄便是福堂，而画地亦可为狱。

上述综合性蒙学教材，内容丰富，简练概括，叶韵成文，朗朗上口，便于记忆，在知识分子的家庭中经常作为识字教材，在教儿童识字的同时，还教给他们许多普通知识，比较符合学童身心发展规律与学习特点。

此外，还有伦理道德类的蒙学教材，如《童蒙训》《少仪外传》《性理字训》《弟子规》《增广贤文》《小儿语》等；历史题材类蒙学教材，如李瀚的《蒙求》、王令的《十七史蒙求》、胡寅的《叙古千文》、黄继善的《史学提要》、陈栎的《历代蒙求》、王芮的《历代蒙求》和萧良有的《龙文鞭影》等；名物和自然科学知识类蒙学教材，如宋代方逢辰的《名物蒙求》唐代王希明（一说隋代隐者丹元子）的《步天歌》（天文类）宋代谢察微的《发蒙算经》、元代的《算学启蒙》、明代的《唐宋卫生歌》、清代的《交食蒙求》（天文类）和《经义韵言》等。这些教材的共同特点是寓伦理道德教育于各科内容之中，加强了德育的渗透性；言简意赅，形象生动，叶韵易诵，方便记忆。另外，作者多为著名学者，如朱熹、王应麟等学术大师都曾亲自编书，提高了质量与权威性。

以上从六个方面简要介绍了中国家庭教育优良传统的主要内容。中国传统文化博大精深，家庭教育的优良传统也非常丰富。这些宝贵的遗产不仅是《家庭教育促进法》制定的重要借鉴，也是我们在家庭教育理论研究和实践探索中必须深入学习、传承发展的重要资源。

（作者朱永新为中国教育学会家庭教育专业委员会理事长、中国陶行知研究会会长）

国外家庭教育立法与借鉴

《中华人民共和国家庭教育促进法》（以下简称《家庭教育促进法》）是人类教育与法制史上为数不多的关于家庭教育的专门法律。国外虽然没有专门的"家庭教育法"之类的法律，但许多国家关于家庭教育的法律都植入或散见于各国的宪法、民法、教育法或其他专门法的有关条款中，对家庭教育的家庭责任、国家支持、社会协同、法律责任等均有不同程度的表述，许多条款对我国《家庭教育促进法》的解读、实施与深化发展有着借鉴价值。下面，以我国《家庭教育促进法》的第一至四章的内容为参照介绍国外部分国家主要是世界发达国家家庭教育的立法情况。

一、家庭责任：国外家庭教育立法的界定

家庭对人成长的基础性功能与家长的第一教育责任，既是人类教育的共识，也是各国家庭教育相关法令确立的最重要的内容。以下美国、德国、瑞士、英国、俄罗斯、澳大利亚、新西兰、挪威的相关条款，都有不同程度的表述。

美国 1974 年颁布的《家庭教育权利和隐私法》明确规定，父母和孩子对学校记录享有独立的信息权，这是个人不可侵犯的权利，禁止学校以外的任何个人或者机构随意披露学生记录或个人身份信息。该法同时还要求，教育机构同样不能随意记录孩子及其父母认为不准确或误导性的内容，检查与审查学生教育记录中所载的信息也必须通过相应的听证，否则就有侵权之嫌。根据相关法律条款，美国国家家长会在 1986 年的指导委

员会中通过了《父母参与条款》,明确规定父母应承担如下责任:保护并进行儿童心理、生理、社会及精神上的教育;养成儿童对自己、他人及学习的尊重;提供儿童与其他小孩及成人互动的机会;奠定儿童成为负责任公民的基础;提供具体环境,鼓励并做儿童学习的楷模;与孩子的老师和学校的行政人员保持密切的接触,并提供适时协助;参与学区负责人的选举等。同时也享有如下权利:正确、清楚并完整地得到关于学校及每一个孩子进步情况的资讯;关于自己小孩学习情形的正确信息;清楚了解到如何与学校联系的方式;参与并制定影响自己孩子的相关决策。

德国宪法《德意志联邦共和国基本法》(1949年)第三条规定:父母对其子女的抚养和教育有"天赋之权利",而首先应履行责无旁贷的义务。《基本法》第6条规定:"国家法律特别是保护婚姻和家庭,这是社会稳定的基础","抚养和教育儿童是父母应尽的首要职责,国家有权监督其履行情况"。按照联邦宪法法院的解释,这些条款旨在保护家庭教育不受公权力的非法干预,国家只起监督的宏观作用。但是,如果父母逃避养育责任,则不能以维持其基本权利为由阻挠国家为保障下一代身心健康所施行的相应合法干预。《基本法》不仅确立了德国社会、个人与国家的关系准则,同时也制定了与西方伦理相适应的、公民之间的行为规范。《基本法》中的一些条款,也可以用于调整父母的教育观念、方式与孩子人格自我发展愿望之间的矛盾关系、获得基本权利的法定年龄问题及宗教信仰问题,等等。

瑞士对于家庭教育的相关法律规定主要体现在民法中。其中,《瑞士民法典》第九章专门把家庭共同生活单列为一章,规定了父母的抚养义务、家长权、家产等方面内容。第276条规定:"父母应负担子女的抚养费,其中包括教育、职业培训及子女保护措施的费用;父母应通过保护及教育履行抚养义务。"对父母抚养、教育子女的义务以及相应的费用问题,都做了详细规定。第302条规定:"父母应依其状况教育子女,并应促进和保护其体育、智育及德育的发展。父母应设法使子女特别是使那些身体或智力上有缺陷的子女接受合适的、与其能力及爱好尽可能一致的普通教育或职业教育。为此目的,父母应以适当的方式,与学校,必要时,与公共、公益的青年教育救济机构合作。"法律对父母抚养教育孩子的内容、方式方法、合作机构等都作了规定,并特别对有缺陷孩子的家庭教育问题也作出了相应的规定与指导。

英国1944年的《教育法》作为一部教育专门法,对家庭教育的相关问题作了详细规定。《教育法》第36条规定:"父母保证子女接受教育的职责,每个义务教育适龄儿童的家长,将负责让他的子女通过正规上学或别的途径,接受适合其年龄、能力和性向的全日制良好教育。"第39条规定:"家长保证在册生正常上学的职责。"第76条规定:"学生按照家长的意愿接受教育。"这些规定强化了子女接受义务教育的家庭责任,赋予了家庭教育的更高要求。在1967年公布的《普劳登报告书》及1988年保守党推动的《教育改革方案》中,英国政府正式将家长参与学校的权利与义务纳入方案计划中。1980年的教育法令规定,家长具有如下权利:第一,选择自己希望自己孩子入学的学校;第二,根据入学助金计划,申请把自己到上中学年龄的智力发达的孩子送到好的私立学校读书,但无力负担学费者,可得到学费补助;第三,通过选举家长董事会,在学校管理上有更大的发言权;等等。

早在苏联时期,《苏俄婚姻、家庭和监护法典》中的一些法律规定就已经为苏俄时期家庭教育的健康发展奠定了坚实的法律基础。苏联解体后,独立后的俄罗斯于1992年颁布了《俄罗斯联邦教育法》。该法已明确写入"父母是孩子的第一任教师"这一名言。2002年,俄罗斯国家杜马通过了《俄罗斯联邦家庭法典》修正案。《俄罗斯联邦家庭法典》不但专门规定了"未成年子女的权利",还将子女的权利规定在"父母的权利和义务"之前。该部法典特别规定:子女有权从自己的父母和家庭其他成员中获得生活费;应付给孩子的抚养费、抚恤金、补助金交由父母支配,并由他们用于孩子的生活、培养和教育的支出;子女对获得的收入、赠与或者依照继承方式获得的财产以及用其资金购置的任何财产享有所有权;子女对父母的财产没有所有权,父母对子女的财产也没有所有权。共同生活的子女和父母,经相互同意可相互占有、使用财产,等等。1967年公布的《普劳登报告书》及1988年保守党推动的《教育改革方案》中,英国政府正式将家长参与学校的权利与义务纳入方案计划中。

在俄罗斯的历史上,作为最高法律的宪法中,一直就有关于家庭教育相关问题的条款规定。1993年12月,全民投票通过的《俄罗斯联邦宪法》第 38 条规定："（1）母亲、父亲和家庭受国家保护；（2）关怀子女和子女的培养是父母的同等权利和义务；（3）年满 18 岁的有劳动能力的子女应关怀丧失劳动能力的父母。"第 43 条又规定："（1）每个人都享有受教育的权利；（2）保障由国家或地方的教育机构以及教育企业提供普及的和免费的学龄前教育、基础普通教育和中等职业教育；（3）每个人都有权通过竞争在国家或地方的教育机构以及教育企业中免费获得高等教育；（4）基础普通教育是强制的，父母或父母的替代人应保障孩子受到基础普通教育。"这些规定提出了学校教育体系建设中的家庭功能与责任，对于家庭教育中的相关权利、义务问题规定得更为详细。

1975 年，澳大利亚政府通过了《家庭法法案》，修订稿于 2006 年 7 月生效。《家庭法法案》的基本要点包括：（1）平等分担的父母责任：《法案》强调，父母双方对影响其子女的重要问题如就学和健康保健作出决定时，应起同样的作用；（2）孩子的最佳利益：《法案》要求，法庭应将孩子的最佳利益作为最重要的考虑因素，这也适用于制订子女养育计划的父母；（3）孩子熟知父母双方和受到保护、不受伤害，这是确定孩子最佳利益的首要因素；（4）合作解决争端：即父母在将子女养育问题递交法庭处理前，必须先参加家庭争议解决会谈，对争议问题的解决作真诚的努力，当然，如果存在家庭暴力或孩童虐待，这个要求则不适用；（5）改善的法庭程序：采用案例管理方式，将重点放在孩子身上，且在较早的阶段就处理诸如暴力和虐待之类的问题；（6）未履行责任：法庭现在将考虑父母未履行其子女养育主要责任的次数，例如，不支付子女抚养费或探视移交时不到场；（7）违反子女养育令：法庭被授予更广泛的权利以处理违反子女养育令的人士；（8）阐明家庭暴力的定义：包括要求法庭评估对暴力的恐惧和忧虑是否合理；（9）和祖父母在一起的时间：《法案》承认孩子有时间与他们的祖父母和其他亲属相处的重要性，其前提是不会使孩子有受到伤害的风险，等等。

新西兰于2004年颁布了《儿童抚养法》，2005年7月1日生效，以代替1968年的《监护法》。《儿童抚养法》的基本特点：一是强调父母对孩子的"责任"，而不是父母对孩子拥有的"权利"；二是更加注重孩子的权利；三是鼓励父母对子女的合作养育；四是承认现存抚养孩子的多种家庭形式安排；五是在家庭法庭提供更加公开的审理程序；六是在法庭处理违背法庭法令的情况时给予更多的选择。

挪威作为最早批准履行《儿童权利公约》的国家，在20世纪90年代对国内相关立法进行了大范围修改，其中，强化父母养育和照管儿童的责任成为修改的主要内容。在1997年修订的《儿童法》中，挪威用"父母责任"一词取代"父母权利"，旨在降低父母教育、保护子女时的随意性和任意性，保障父母严格履职。此外，挪威的《儿童福利法》明确了"保证生活在对其健康和发展可能有害的环境中的儿童和青少年在适当的时候得到必要的帮助和照顾；确保儿童和青少年在一个安全的环境中成长的立法宗旨。可以发现，该法对"福利机构"的定位并非是完全替代家庭，而仅是在家庭功能失效时暂时发挥作用。

此外,《儿童福利法》对"福利机构"职责定位也更多地集中于帮助父母"培养他们养育儿童的能力",更多地扮演辅导者和支持者的角色,以帮助父母改善其角色,帮助家庭正常发挥其功能。

二、国家支持：国外家庭教育立法的表述

家庭教育从传统的私人空间事项上升为国家意志与管理事务,这是人类文明与认知水平的进步,国家对家庭教育的支持与干预,就拥有立法的学理依据与现实条件。以色列、日本、德国、俄罗斯、新西兰的相关法律及管理措施,值得我们借鉴。

自20世纪末的1997年开始,日本政府就开始积极推进家庭教育支援事业。文部省于1998年4月增设了"家庭教育支援室";同年6月,中央教育审议会以"关于从幼儿时期开始的心灵教育的理想"为题,发表了《为了开拓新时代的心灵——丧失培养后代心灵信心的危机》的咨询报告,该报告指出:在当今家庭教育问题已成为不能视而不管的情况下,国家必须就有关家庭教育的现状,提供积极的帮助,为此国家提出了家庭教育应遵守的35条建议。2006年12月,时隔60年后,日本修订了《教育基本法》,其中新增了"家庭教育"第十条,在该条款第2项规定:"国家及地方公共团体,要尊重家庭教育的自主性,努力为监护人自身教育能力的提高,提供学习的机会,并提供其他家庭良好的教育信息。"另外,还在新增加的(学校、家庭及地域居民等携手合作)第十三条中规定:"学校、家庭、

地域居民以及其他相关人员，在自觉履行各自教育义务的同时，互相之间要努力携手合作。"由此可见，作为培养人的基础教育，日本把家庭教育摆上了十分重要的位置。

新西兰的《儿童抚养法》既体现出家庭中的父母责任，又从中看出国家支持的力度，内容主要包括以下要点：（1）儿童优先：作出对孩子最有利的决定时必须考虑的重要因素。（2）注重孩子的权利：允许孩子对发生的事情表达想法，发表合理意见。法官在作出决定时，必须考虑孩子的意见。如果16岁或以上的孩子对其父母或监护人有关他们的重要决定不满意，可以要求法庭对该问题作出判决。（3）孩子可以向家庭法庭上诉对其产生影响的决定：如果争执对孩子产生影响并可能需要到法庭解决，家庭法庭将指定一名独立律师代理孩子的事宜。（4）鼓励父母对子女的合作养育：该法以父母养育法令代替监护权法令和接触法令，鼓励父母合作协议，对孩子的抚养作出安排。只有在父母不同意对孩子抚养的有关安排且在自己不能解决或在法庭调解失败时，父母才要求法庭予以干预。（5）父母养育——持续不断的职责：该法强调了父母对孩子的养育责任是持续不断的。当父母离异时，即便父母一方与孩子不住在一起，双方仍应继续在孩子的教养方面发挥重要作用。（6）识别抚养孩子的不同安排：如孩子可能由父母双方抚养，由家庭成员或更大范围的亲属抚养，或者由同性伴侣抚养。该法鼓励家庭成员和其他亲属共同参与孩子的抚养和教育。（7）家庭法更加公开：该法使公众更加了解家庭法庭的做法，同时还确保家庭法庭仍然是一个父母和监护人坦率公开协商敏感个人事务的安全地方。法官还可能允许其他人作为父母的支持者参加法庭诉讼，并授权新闻报告人员可依本法规定参加家庭法庭诉讼。

三、社会协同：国外家庭教育立法的规定

家庭教育与学校教育、社会教育构成了每个人成长的完整教育体系，从法律上强化学校教育、社会教育对家庭教育的支持，在各国的法律与管理中均有适合国情的表述与做法。以下美国、日本、英国、法国、澳大利亚的法律内容，具有借鉴价值。

1994年通过的《改进美国学校法案》明文规定了亲职教育的政策与实施方式，规定地方教育单位必须帮助父母参与学校教育工作，提供协调、技术协助以及其他必要的支持，协助学校制订父母有效参与学校活动的计划，同时要增强家长与学校的紧密关系，并且要时常加以督促、检查和改进。另一方面，该法案也规定学校每年要举行家长年会和必要的亲师聚会，每一个学校需要定期向家长报告学生在校的进步情形，学校也要容许家长参与及观察教师活动。

日本1947年5月颁布了《教育基本法》，明确规定了国家及地方政府和团体在振兴家庭教育中应承担的职能和任务。通过法律最终把教育的概念界定为学校教育、社会教育、家庭教育"三位一体"的教育体系。1949年6月，根据《教育基本法》的精神，日本制定颁布了《社会教育法》，把青少年及成年人的教育活动明确归属于社会教育和家庭教育，从法律上确认了社会教育与家庭教育在整个教育体系中所处的地位，使得社会

教育和家庭教育走上了法制管理的轨道。2001年7月，又对《社会教育法》进行了修订，在"国家及地方公共团体的义务"第三条中新追加了第2项："鉴于社会教育与学校教育以及家庭教育彼此之间的密切关联性，国家及地方公共团体在履行前项义务时，在努力确保与学校教育进行携手合作的同时，还需要考虑到有助于家庭教育的提高"；（市町村的教育委员会的事务）第五条中追加了新的第7项："为提供有关家庭教育的学习机会，鼓励开设讲座及举办集会"；（社会教育委员会的构成）第十五条第2项："社会教育委员应从对学校教育和家庭教育方面有影响力的人中产生。该法还明文规定了教育委员会的事务，即提供有关家庭教育的学习机会，开设讲座等。其中育儿小组的负责人可以委托社会教育委员和公民馆营运审议会的委员担任。这些条款都以明确的法律形式规定，以一种行政组织的方式来完成对家庭教育的支援，其重要地位是显而易见的。

澳大利亚政府根据《家庭法法案》也制定了相应的支持系统，主要包括：（1）家庭关系中心：提供信息、建议及其他以帮助面对分居或关系困难的家庭；（2）家庭关系热线：电话信息、指引和建议，含家庭法的网站；（3）早期干预服务：包括关系教育服务和婚前服务。

四、国外家庭教育立法对我们的启示与借鉴

《中华人民共和国家庭教育促进法》的实施，是促进我国

家庭教育事业走向法制化、科学化、专业化的重要保障。研究国外家庭教育立法的发展历程与经验得失，对我国家庭教育的深化发展具有重要的借鉴价值。以下几点值得重视。

（一）亟须全社会进一步重视这部法律的价值与意义。受传统观念、"唯学校论""唯学历论"等影响，我国社会对家庭教育与这部法律的作用仍然认识不足，需要从具体条款落实与评估监督方面加大力度，从而使"家校社协同育人"的国家战略教育目标落到实处。

（二）加强政府的主导作用。从国外的立法经验与我国的家庭教育实践来看，教育行政部门及各级各类学校对提升家庭教育水平有着不可取代的重要作用。在教育行政部门设置家庭教育管理机构，各级各类学校增设家庭教育专职岗位和专业人员，是优化教育体系不可或缺的。

（三）深化我国家庭教育专业化建设，提升家庭教育学的学科地位，真正落实这部法律总则中的第十一条要求。在这方面，美国、日本与我国台湾地区的专业化建设值得学习与借鉴。

（四）严格家庭教育指导人员的从业标准。随着"双减"政策的实行及广大家庭对高质量家庭教育的需求，治理低质量、以营利为目的的家庭教育培训，需要依法管理，专业评价，从严需求，促进我国家庭教育事业的良性发展。

（五）逐渐拓展家庭教育的内涵。国外家庭教育立法多采用建设家庭，对家庭全部成员教育的广义家庭教育概念，这事关国家治理体系与治理能力现代化，以及国民素质与幸福指数。这次我国立法采用狭义的家庭教育概念，更多是出自国情、立法与执法成本等因素考量,但走向广义的家庭教育管理,应是我国家庭教育立法逐渐发展的走向,应在以后的实践中不断探索。

(六)构建覆盖城乡的家庭教育指导体系。从国外的立法及其实践来看,构建国家、省、市(县区)三级家庭教育指导中心或支持中心,对落实法律、服务亿万家庭、优化家庭教育服务质量,是必不可缺的,应纳入国家人事与事业管理系统。

(七)健全家庭教育经费保障体制。依靠这部法律,各级财政与行政部门明确家庭教育经费的科目设立,并将其纳入管理与监督系统。鼓励企业、社会组织、个人支持家庭教育事业,予以国家表彰与激励,从而使我国家庭教育机制良性循环发展。

(八)推动地方家庭教育立法进程。在我国这部法律实施之前,已有十个省市颁布了家庭教育地方法规。推动有地方立法权限的省市尽快出台家庭教育法规,对实施与完善《中华人民共和国家庭教育促进法》有着重要作用。

(九)重视特殊家庭、农村家庭的教育,这是被国际社会家庭教育立法证明了的不可缺少的领域,尤其在我国这样一个特殊家庭数量大、农村家庭教育问题多的国度,显得尤为重要,具有特殊的价值与国家治理意义。

(十)充分运用社会资源支持家庭教育。每一个有社会身份的国民同时兼备家庭成员角色,每一个社会组织都有负责从业者建设家庭、教育子女的责任与义务。这个特性决定了家庭教育有得到社会支持的优势。运用社会资源与社会教育系统,这是国外家庭教育的有效经验，得到法律支持，值得我们借鉴和学习。

（作者赵刚系东北师范大学家庭教育研究院院长、中国教育学会学术委员会委员兼家庭教育专业委员会副理事长、中国国际民间组织合作促进会理事兼家长与教师合作管理委员会理事长）

第四章

《中华人民共和国家庭教育促进法》的历史沿革

第四章 《中华人民共和国家庭教育促进法》的历史沿革

2022年1月1日施行的《中华人民共和国家庭教育促进法》（以下简称《家庭教育促进法》）带来了家庭教育报春的喜讯。此法总则第一条就强调："为了发扬中华民族重视家庭教育的优良传统，引导全社会注重家庭、家教、家风，增进家庭幸福与社会和谐，培养德智体美劳全面发展的社会主义建设者和接班人，制定本法。"

这说明《家庭教育促进法》不是无源之水、无本之木，它凝聚了中华民族重视家庭教育的优良传统，汲取了历史的精华。

一、中国第一部有关家庭教育方面的法律诞生

清政府末年，由张百熙、容庆、张之洞重定学堂章程，即《奏定学堂章程》，也叫癸卯学制。这一学制于1904年颁布执行。在癸卯学制中包含了《奏定蒙养院章程及家庭教育法章程》。这是中国历史上第一个学前教育和家庭教育法规。

《奏定蒙养院章程及家庭教育法章程》充分肯定了学前教育的重要意义、作用，指出了它在国民教育体系中的基础地位，说明了设置蒙养院作为学前儿童的专门机构。

1. 规定蒙养教育的主要途径是家庭教育：蒙养家教合一之宗旨，以蒙养院辅助家庭教育，此家庭教育包括女学。

2. 大力传播家庭教育知识：把官编女教科书、家庭教育书刊、外国家庭教育之书散发每个家庭。

3. 重视女子教育：女子无学，则母教必不能善，幼儿身体断不能强，气质习染断不能美。

4.提出"保健身体、开发智力、养成良好习惯的指导思想。"章程"规定,蒙养院保育教导要旨如下:

(1)保育教导儿童,专在发展其身体,渐启其心智,使之远于浇薄之恶风,习于善良之轨范。

(2)保育教导儿童,当体察幼儿身体气力之所能为,心力知觉所能及,断不可强授以难记难解之事,或使之疲乏过度之业。

(3)保育教导儿童,多留意儿童之性情及行止仪容,使趋端正。

(4)儿童性情好模仿,务专意示以善良之事物使则效之,孟母三迁即此义也。

分析这个保育教导要旨可以看出,蒙养院对儿童的教育,包含体育、德育、智育、美育的内容。在教育原则上,提出了应该照顾儿童情性及心理特点,指出教育要量力适度,还要利用榜样的教育作用。

"章程"规定,蒙养院儿童在院时间每日不超过4点钟,课程有:游戏、歌谣、谈话、手技。

"蒙养家教合一"是"章程"的明确规定,表现为两个方面:一是蒙养院要辅助家庭教育,二是家庭教育包括女学。幼儿教育仍以家庭教育为主,使女教与家教相结合。教养员学习的内容为《孝经》《四书》《女诫》《女训》《教女遗规》及与中国妇道妇职不悖的外国家庭教育书。

在《家庭教育法章程》的实施过程中,发现母亲教育的重要,"倘使女教不立,妇德不修,则是有妻而不能相夫,有母而不能训子,家庭之教不讲,蒙养之本不端,教育所关,实非浅鲜",于是学部奏定女子师范学堂章程折。

二、民国政府颁布的家庭教育法规

中华民国政府教育部陈立夫部长有鉴于家庭教育既如此重要,于是在民国二十七年(1938年)四月中国国民党临时全国代表大会中提出战时各级教育实施方案纲要,该纲要特载明"家庭教育应与学校教育密切联系"。后又颁布《中等以下学校推行家庭教育办法》,规定家庭教育之目标如下:

(一)改进家庭卫生;

(二)提倡家庭作业;

(三)节约家庭财用;

(四)敦睦家族邻里;

(五)保护儿童健康;

(六)改善儿童习惯;

(七)教导儿童求学;

(八)激发民族意识。

民国二十九年(1940年)九月二十八日,部令三二〇四六号公布《推行家庭教育办法》。值得注意的是,民国政府的教育部设有社会教育司,下边设有家庭教育股,负责全国青少年的家庭教育工作。这个文件就是当时的教育部颁布的关于家庭教育管理指导工作的第一个法规。

这个法规中的"家庭教育"内涵和外延与今天我们通常所

说的"家庭教育"不同。今天，我们所说的"家庭教育"是狭义的家庭教育，教育对象主要是家庭里的未成年人；而这个文件中的"家庭教育"是广义的家庭教育，教育对象是全家所有成员，指导内容也比今天家庭教育丰富得多。

《推行家庭教育办法》共十九条。第一条明白揭示了家庭教育之目标为：加强伦理道德教育，改进国民生活，以期建立现代化家庭。明确了家庭教育以孝亲事长、敦亲睦邻、敬老尊贤等伦理教育为主，故一直是推动家庭教育的重要指导依据。此法要求各级教育行政机关应督导各级学校、社会教育机关及文化团体、妇女团体，按照本办法之规定，积极推行家庭教育。各省市教育厅局应于主管社会教育之科股指定职员一人，办理家庭教育行政事宜。各县市政府应组织家庭教育委员会主持全县市家庭教育计划及推行事宜。各县市所属区署乡镇公所及保办公处，应分别责成教育指导员、文化股主任及文化干事等，依照本办法之规定，协同当地教育机关团体推行家庭教育。各级学校推行家庭教育，均由该校社会教育推行委员会主持办理之。但女子学校及女生数超过学生总数半数以上之学校，得组织家庭教育委员会主持该校所在地家庭教育推行事宜。其办法另订之。

民国三〇年（1941年）五月二十八日，部令二〇五三七号公布《推进家庭教育讲习班暂行办法》。

这是我国民国年间的教育部颁布的第二个关于家庭教育管理指导工作的法规。文中所说"家庭教育讲习班"类似我们今天开办的家长学校，其对教师、课程、教材、课时都做了详尽的规定。

中等以下学校、社会教育机关及各文化团体、妇女团体推行家庭教育，应以举办家庭教育讲习班为主要工作。家庭教育讲习班以训练妇女、推行家庭良好教育、激发民族意识、灌输家事常识、改善家政管理、促进社会进步为宗旨。

各学校每星期日举行集合教学一次，每次以两小时为度；各社会教育机关，每星期举行集合教学至少两次，其日期及时间自行订定，每次以两小时为度。遇有纪念节日集合、举行各种临时活动，各文化及妇女团体每星期至少集合教学一次，每次以两小时为度，其日期及时间自行订定。家庭教育讲习班之修业期限，定为六个月至一年，以部编家庭教材讲授完毕为度。期满考查成绩及格者，由县市教育行政机关发给证明书。教育行政机关以各学校及各社会教育机关办理家庭教育讲习班之成绩，列入考绩。

教育部为推行家庭教育在四川省设立了两个实验区，其地点为四川省江津县属白沙镇及四川省嘉陵江三峡实验区属北碚镇两处。由教育部指定国立女子师范学院及国立重庆师范学校分别规划办理，实验期限暂定为三年。国立女子师范学院及国立重庆师范学校应遵照教育部颁布之推行家庭教育办法第五条之规定，各组织家庭教育委员会，办理本区一切事宜。

教育部编写了全国统一的教材。民国二十九年（1940年）教育部社会教育司主编《家庭教育》，教育部长陈立夫题写书名。书中明确：家庭是儿童生活的中心，也是儿童的教育中心。依据"性相近，习相远"，书中提出儿童习惯培养的重要性。

书中总结了奠定人生根基的 20 个好习惯。

1. 卫生习惯
2. 清洁习惯
3. 快乐习惯
4. 自制习惯
5. 勤勉习惯
6. 敏捷习惯
7. 精细习惯
8. 诚实习惯
9. 仁爱习惯
10. 礼貌习惯
11. 服从习惯
12. 负责习惯
13. 勇敢习惯
14. 沉着习惯
15. 守规律习惯
16. 尊重公益习惯
17. 节俭习惯
18. 劳动习惯
19. 爱国爱群习惯
20. 奉公守法习惯

1941 年 5 月,民国政府教育部社会教育司编写出版了《家庭教材》,全书共有 52 课,每课课文 300 至 500 字,内容涉及家庭教育的家庭伦理、家庭卫生、衣服学、食物学、儿童养护、妇女新生活等素材。由各中小学、各社教机关、各界妇女工作团体或其他实施家庭教育人员召集学生家长或附近妇女举办家庭教育班或家庭教育讲习会,每周讲授一课,一年讲完。书中课文题材多样,有散文、小说,还有诗歌,现节选《训子歌》如下:

(一)

一般人家,都有儿女,年龄及长,教之有序。

教训之责,属于父母。过分溺爱,终身遗误。

送入学校,受教师傅,学习礼节,做人初步。

早去晚归,谨守规矩,积在累月,不误业务。

(二)

白昼入学,晚令温读,国文算术,莫任疏忽。

日记作完,再令习书,嘉言懿行,向之讲述。

女子年长,操作习苦,灯下课余,教以家务。

炊煮烹调,线纫织补,件件都会,才是淑女。

(三)

堪笑父母,不能为主,男不知书,习染烟赌。

东西奔走,不知朝暮,说三道四,多招怨怒。

女不知礼,巧言笑语,不识尊卑,不耐辛苦。

辱及尊亲,有玷父母,如此儿女,不如猪鼠。

抗战胜利之年,行政院于1945年8月17日公布《推行家庭教育办法》。这是国民政府推动家庭教育的最高行政命令,也是最早的一个行政命令,其涵盖面较往后所公布之家庭教育相关命令最为广泛。

三、新中国家庭教育法规建设

在我国千百年来的文化背景中,重视家庭教育的传统源远流长。但与此同时,中国人却有一个观念,就是认为家庭教育是私人行为,是"家事",是私人活动领域。因此,家庭教育只可能有类似于古代社会的"家法""家规",而难以有现代法治社会的"国法""公民法"。这种观念,从历史的角度看,有其合理的一面,但总体说来却是片面的。家庭教育并不是不可立法进行相关干预的纯私人领域,在现代社会发展条件下,它早已跨越了古代社会"私事"的边界而逐步走入"公共"的视界。

进入新时代后,作为体现现代社会基本精神的"法治",其重要特征之一就是对"私人"领域的尊重和保护。从一定意义上说,一切事物都已打上了"公共"的烙印,很难存在完全不受任何法律干预的纯私人领域,家庭、家庭教育也是这样,早已成为社会大网络中的有机一环。

在新中国成立后的前30年里,家庭教育的研究和指导发展缓慢,没有家庭教育机构,也没有家庭教育方面的著述,家庭教育几乎是空白。唯一能追溯的,是50年代在评选"五好家庭"时,把教育子女好作为一项重要内容。

1960年5月,全国妇联在哈尔滨召开全国城市学前儿童保育工作现场会,中心内容是根据中央领导指示,强调要改变过去以一家一户为单位教育。20世纪90年代。1995年,国家颁布的《教育法》对家庭的解说主要包括两大方面:首先是家庭必须保证儿童入学。其次是家庭要接受学校指导,配合学校工作。"未成年人的父母或者其他监护人应当配合学校及其他教育机构,对其未成年子女或者其他被监护人进行教育。学校、教师可以对学生家长提供家庭教育指导。"这是我国教育法规中第一次明确提到家庭与学校的配合,不过这种配合是单向的、不对等的,是家长要配合学校,家长要接受学校的指导,学校凌驾于家长之上。家庭完全是被动的,学校、教师拥有对儿童的绝对权威。

四、全国妇联、国家教委印发《全国家庭教育工作计划》

为了落实《九十年代中国儿童发展规划纲要》中的家庭教育目标,提高全民族的家庭教育水平,1996年9月,全国妇联、国家教委特拟定和印发《全国家庭教育工作"九五"计划》。该计划在全面规划我国家庭教育的任务、目标、措施的同时,提出要加强家庭教育的法规建设,"大力宣传有关儿童的法律规定,保护儿童在家庭中的权利、地位,教育家长依法履行对儿童抚养、教育、监护的义务,提倡家庭的民主风气,创造良好的家庭环境。坚决制止和处理家庭中虐待和伤害未成年人的现象""在调查研究和借鉴中外法律资料的基础上,加强中国家庭教育的法规建设,条件成熟的地方可制定地方性家庭教育法规,使家庭教育工作逐步纳入法制轨道。"

为了巩固"九五"期间家庭教育工作成果,进一步加强新时期家庭教育指导与服务,不断提高全民族的家庭教育水平,落实《中国儿童发展纲要(2001—2010年)》中提出的家庭教育目标，2002年5月，全国妇联、教育部又拟定和印发了《全国家庭教育工作"十五"计划》，提出了"进一步推进家庭教育工作的科学化、社会化、制度化"的总体目标和"逐步建立健全中、小、幼家长学校、社区家庭教育指导与社会家庭教育指导相结合的家庭教育指导工作体系""继续办好各级各类家长学校""建设家庭教育工作示范县"等具体目标。

2007年5月，全国妇联、教育部、中央文明办、民政部、卫生部、国家统计局、国家人口计生委、中国关工委等8部委联合颁发了《全国家庭教育工作"十一五"规划》。该规划提出了"推进有关家庭教育法律法规的完善，使家庭教育工作走上科学化、社会化、法制化轨道"。

《全国家庭教育工作"十一五"规划》具体目标有：5年内建立5000所全国和省级留守儿童、流动人口子女家长学校；加强家庭教育工作队伍建设，开展家庭教育指导者能力培训，5年内对万名县级以上家庭教育指导者进行培训；推进家长学校学习材料建设，编写全国家长学校学习材料指导纲要；建立健全家庭教育工作长效机制，有条件的地方要建立党委政府领导，妇联牵头，有关部门参加的家庭教育工作机构或领导机构，把家庭教育工作经费列入财政预算。具体保障措施有：对有关家庭教育的法律法规进行执法监督和社会监督，向立法机关提出意见建议，推进家庭教育法制建设，以及将家庭教育工作经费和事业发展经费纳入地方财政预算，设立家庭教育工作专项基金等多个方面。这一发展规划，显示出我国政府对家庭教育工作的高度重视和具体的政策指导。

进入 21 世纪 20 年代，中国进入家庭教育的新时期，教育部基础教育一司委托中国教育学会组织专家，调研、起草有关中小学家长委员会的法规性意见。中国教育学会要求中国教育学会家庭教育专业委员会的专家尽快赴山东、吉林、湖南、上海等省市，深入学校、访问家长、倾听学生意见。与此同时，教育部也要求各省教育厅把各地现状汇报上来。当年 8 月，中国教育学会写出第一稿，中间经过多次讨论和修改，最后教育部于 2012 年 2 月 17 日成文下发《关于建立中小学家长委员会的意见》。

随着家庭教育的日益升温，2015 年 10 月 20 日，教育部发布了《关于加强家庭教育工作的指导意见》（以下简称《意见》）。《意见》中说，家庭是社会的基本细胞。注重家庭、注重家教、注重家风，对于国家发展、民族进步、社会和谐具有十分重要的意义。家庭是孩子的第一个课堂，父母是孩子的第一任老师。家庭教育工作开展得如何，关系到孩子的终身发展，关系到千家万户的切身利益，关系到国家和民族的未来。

《意见》中还说，近年来，经过各地不断努力探索，家庭教育工作取得了积极进展，但还存在认识不到位、教育水平不高、相关资源缺乏等问题，导致一些家庭出现了重智轻德、重知轻能、过分宠爱、过高要求等现象，影响了孩子的健康成长和全面发展。

当前，为提升家长素质、提高育人水平，家庭教育工作承担着重要的责任和使命。各地教育部门和中小学幼儿园要从落实中央"四个全面"战略布局的高度，不断加强家庭教育工作，进一步明确家长在家庭教育中的主体责任，充分发挥学校在家庭教育中的重要作用，加快形成家庭教育社会支持网络，推动家庭、学校、社会密切配合，共同培养德智体美劳全面发展的社会主义建设者和接班人。

为保障家庭教育事业的制度化、法制化发展，国内多个地区的妇联组织、人大代表、专家学者倡议在全国性的家庭教育立法工作开启之前，可以先行制定本地区的《家庭教育条例》。

上海市一些学者、人大代表、企业界和教育界人士不断呼吁，认为地方家庭教育立法的时机和条件已经成熟，应该根据地方实际，制定地方性的家庭教育法。在此情况下，2002年，上海市妇联依托上海市家庭教育研究会，协调市教委、市卫生局、市政府法制办、市人大科教文卫委等有关单位，邀请了华东政法学院、市社科院、市教科院和市教育政策法规研究处等有关研究家庭教育和法规方面的领导、专家、学者开展了立法的前期调研工作，完成了相关调查研究工作，论证了家庭教育立法的必要性、可能性和科学性，设计了《上海市家庭教育条例》框架和重要条款内容，为条例的制定做了前期的理论基础和舆论导向的准备。

深圳市也于2007年启动了《深圳市家庭教育条例》的制定工作，由深圳市教科文卫组织、市妇联、市教育局、市关工委、团市委等共同参与立法调研和起草工作，并列入2008年深圳市人大立法工作计划。2008年，在深圳市第四届人大一次会议上，近30名人大代表联名提交了一份关于制定《深圳市家庭教育条例》的议案。广东省妇联也依托广东省家庭教育指导委员会和家庭教育研究会，协调省教育厅、人大科教文卫委等有关单位，委托广东教育行政学院和广东省中小学德育研究与指导中心建立全省家庭教育理论与实践基地，组织和整合中山大学、华南师范大学、广州大学等高校和科研机构有关研究家庭教育和法规方面的领导、专家、学者，作了关于家庭教育立法的前期调研和《家庭教育条例》的起草工作，初步设计了《家庭教育条例》的基本框架和重要条款内容，特别是对保障家庭教育地位、经费和指导人员专业等级资格考核、认证等问题，进行了充分的调查、论证，为《家庭教育条例》的制定做了前期的理论基础和舆论导向的准备。

第一个吃螃蟹的是抗战时期就非常重视家庭教育的重庆，抗战期间在北碚和江津设立了两个家庭教育实验区，因此它有着深厚的历史底蕴。2016年5月27日，重庆市人大常委会表决通过了《重庆市家庭教育促进条例》。

2016年9月1日实施的《重庆市家庭教育促进条例》严格贯彻"针对问题立法、立法解决问题"的原则，着力解决以下热点难点问题。

完善家庭教育工作机制，明确家庭教育原则为"家庭尽责、学校指导、社会参与、政府推进"，明确政府妇女儿童工作委员会为议事协调机构，妇联和教委为主要承办部门。同时，规定政府要从规划、经费、保障激励等方面促进家庭教育工作。

条例中规定了法规中的内涵和外延：

强化父母主体责任，界定家庭教育内容，保障困境儿童权利，规范营利性社会服务。

条例还对家庭内部、学校、公益性家庭教育的开展，家庭教育基金会和基金的设立作出规定,并且明确了父母和监护人、政府部门和相关机构的违法责任。法律责任部分作为条例的亮点之一,增强了促进型法规的刚性。

全国各省市人民代表大会相机而动,积极立法,紧接着重庆的是:《贵州省未成年人家庭教育促进条例》2017年10月1日实施;《山西省家庭教育促进条例》2018年9月1日实施;《江西省家庭教育促进条例》2018年12月1日起实施;《江苏省家庭教育促进条例》2019年6月1日起施行;《浙江省家庭教育促进条例》2020年1月1日施行;《湖北省家庭教育促进条例》2021年5月1日起实施;《安徽省家庭教育促进条例》2021年9月1日起开始实施;《福建省家庭教育促进条例》2021年10月1日起施行。

许多省市如上海、深圳、吉林等都在积极酝酿家庭教育地方性法规。

全国人大社会建设委员会2020年启动家庭教育立法的研究论证和草案起草工作,条件成熟时,提请全国人大常委会会议审议。社会建设委认为,加快家庭教育立法可以从源头保障家庭教育切实教育和价值引领功能。

作者曾参加过教育部、全国妇联召开的立法座谈会和中国教育学会的全国走访调研。立法的起草工作也曾几经周折,从妇联到教育部,从教育部回妇联。

由此可知,在全国《家庭教育促进法》诞生之前,研究家庭教育和法规方面的领导、专家、学者作了关于家庭教育立法的前期调研和《家庭教育条例》的起草工作,初步设计了《家庭教育条例》的基本框架和重要条款内容，特别是对保障家庭教育地位、经费和指导人员专业等级资格考核、认证等问题，进行了充分的调查、论证，为《家庭教育促进法》的最终出台做了前期的理论基础和舆论导向的准备。这些地区地方性立法的先行实践，必将对家庭教育发挥引导、促进和规范的作用。同时，作为创设性立法，也可为全国和兄弟省市的相关立法提供启示，为制定全国性家庭教育专门法积累了宝贵的经验，做出了不可磨灭的贡献。

（作者王大龙为中国教育学会家庭教育专业委员会副理事长）

第五章

《中华人民共和国家庭教育促进法》出台的时代背景

社会是人际关系和物质基础及信息技术或近或远、或稠密或稀疏、或多或少的集成，在特定环境下社会是一种能够长久维持的、彼此不能够离开的、相依为命的、不容易改变的结构。改革开放让世界为之惊叹的不仅是中国发展速度的迅猛和成效的显著，更在于中国在如此短的时间内浓缩了人类社会变迁的诸多历史进程。社会变迁改变了家庭，变化了的家庭影响了家庭教育，家庭教育的问题亟须从国家治理层面加以规范，所以讨论《家庭教育促进法》的时代背景，必须厘清社会究竟发生了哪些变化、这些变化导致家庭发生了哪些改变、家庭的改变给家庭教育带来了什么问题、之前国家层面和地方为家庭教育立法做了哪些政策准备等。

一、社会变迁

社会变迁泛指任何社会现象的变更，如自然环境、人口、科技等的变迁，以及结构转换、制度变革、利益调整、观念转变等。随着社会的变迁，人们的行为方式、生活方式、价值体系都会发生明显变化，这些变化会冲击家庭，影响家庭教育。

影响家庭和家庭教育的社会环境因素有四个主要方面：一是政治，如政局、公民参政状况、法制建设情况、决策透明度、言论自由度、媒介受控度等；二是经济，如实行市场经济的程度、媒介产业化进程、经济发展速度、物质丰富程度、人民生活状况、广告活动情况等；三是文化，如教育、科技、文艺、道德、宗教、价值观、风俗习惯等；四是信息，如信息来源和传递情况、信息的真实公正程度、信息爆炸和污染状况等。

（一）人口由农村向城市大迁移

家庭联产承包责任制解放和发展了农村生产力，社会生活发生巨大变化。随着国家或地区社会生产力的发展、科学技术的进步以及产业结构的调整，中国由以农业为主的传统乡村型社会逐渐向以工业（第二产业）和服务业（第三产业）等非农产业为主的现代城市型社会转变，大量人口由农村向城市迁移，实现了从乡土中国向城镇中国、从农业社会向工商社会的转型。1979年，我国人口9.75亿，非农业人口1.85亿，占18.97%；2011年，我国城市人口超过农村人口，城镇化率达到51.27%。这是中国社会结构的一个历史性变化，表明中国已经结束以乡村型社会为主体的时代，开始进入以城市型社会为主体的新的城市时代。① 据国家统计局发布的第七次人口普查数据，全国人口共14.1亿，居住在城镇的约9亿，约占64%，居住在乡村的约占36%。② 社会的变迁对家庭、家庭教育都带来了重大影响。

务工人口的迁移也给家庭教育带来重大影响。流动人口（离开户籍县半年以上）从1982年估算的400多万、2010年破亿到2015年超过2亿，而同期0~14岁儿童流动率极低，反映大量留

---

① 《中国城镇人口首次超过农村人口》，中华人民共和国中央人民政府网站，www.gov.cn，2012年08月14日。
② 《第七次全国人口普查公报（第七号）——城乡人口和流动人口情况》，国家统计局网站，http://www.stats.gov.cn/，2021年05月11日。

守儿童的存在。而根据男性和女性的累计率推算，夫妻因打工暂时分居的比例在 1/4 左右，家庭和家庭教育因分离付出了巨大的代价。①

人口迁移的另一个特点是地域变化，劳动人口从北方向南方、由西部向东部持续流动，从内陆向沿海迁移，比较第六次和第七次人口普查分区域结果，东部地区人口增速明显，占 39.93%；西部和东北地区人口下降较多，尤其东北地区，仅占 6.98%。② 由熟悉的生活环境迁徙到"陌生丛林"，使得个人和家庭生活适应压力剧增。

社会变迁在人口方面的另一个重大变化是国家人口控制政策的出台，1982 年，计划生育即有计划地生育被写入我国宪法，并作为一项基本国策。

（二）生活水平大幅度提升

随着由计划经济模式转向市场经济模式，国民经济发展战略由过去的重工业部门优先发展向居民部门倾斜，多元化的市场主体出现，极大地调动了劳动者的积极性，生产力获得长足发展，商品极大丰富，人民生活水平得到极大提高。2021 年，我国全面建成小康社会，中国经济总量跃居世界第二，综合国

---

① 马忠东：《改革开放 40 年中国人口迁移变动趋势——基于人口普查和 1% 抽样调查数据的分析》，《中国人口科学》2019 年第 3 期。
② Zhu yu, etc. Population geography in China since the 1980s: Forging the links between population studies and human geography, Journal of Geographical Sciences, 2016, 26−8.

力和国际影响力实现历史性跨越。2021年全国居民人均可支配收入35128元,扣除价格因素,比1978年实际增长30.8倍。全国居民人均消费支出,扣除价格因素,比1978年实际增长21.2倍。2017年全国居民恩格尔系数为29.3%,比1978年的63.9%下降34.6个百分点。中等收入群体规模持续扩大,收入差距跨越库兹涅茨倒U形线顶点,城镇失业率控制在5%左右,高等教育毛入学率从1.55%提高到45.7%,基本建成基本养老、基本医疗、失业、工伤、生育保险等社会保障体系,①社会基本公共服务以及安全保障都取得巨大进展,基本公共服务水平和均等化程度明显提高,社会保持和谐稳定,社会管理逐步完善,人民安居乐业。党的十九大提出新时代我国社会的主要矛盾是人民日益增长的美好生活需要和不平衡不充分的发展之间的矛盾,坚持以人民为中心的发展思想,促进全体人民共同富裕。

(三)社会由封闭型向开放型、信息化转变

经过改革开放以来40多年的努力,我国社会走上开放、自由、自主、平等、文明的大道,国民流动和居住、就业、旅行自由度有大幅提高,社会开放让更多人口、资源及要素配置到经济之中。自党的十八大以来党和政府日益重视社会建设,并从社会管理理念升华到社会治理理念,社会治理较以前更加宽松、自由、开放、平等、文明、法治、公平、有序,但人民在经济、

---

① 李培林:《40年来中国社会发展的成就与趋势》,中国社会科学院国家高端智库主办的"与改革开放同行"系列智库论坛第九场主题演讲,2018年12月19日。

政治、文化、社会、生态等方面日益增长的美好生活需要与发展不平衡、不协调、不充分、不全面、不公平、不科学之间的社会主要矛盾仍很突出,民生领域还有不少短板,社会开放、自由、平等、文明程度仍有待提高。[1]受户籍制度改革不到位、地方保护主义和市场开放程度不够等因素的影响,城乡间、地区间在教育、医疗、生活设施条件等社会基本公共设施和公共服务方面仍有差距。"共同富裕"的目标提出,要满足人民群众多样化、多层次、多方面的需求,使人民群众享有更好的教育、更稳定的工作、更满意的收入、更可靠的社会保障、更高水平的医疗卫生服务、更舒适的居住条件、更优美的环境、更丰富的精神文化生活。将人民对美好生活的向往作为新时代的奋斗目标,通过高质量的发展来解决发展不均衡和不充分的问题。

二、社会变迁对家庭的影响

社会变迁直接影响民众的生活方式,并表现在家庭结构、家庭关系和家庭功能等方面。

(一)家庭观念的变化

传统的中国家庭以农业经济为基础,国家通过户籍制度的社会管理模式,维系着国家政权对地方的控制和社会稳定,体

---

[1] 夏光良:《新时代开放型社会治理体系的构建与完善》,《学术前沿》2018年3月下。

现在赋税、兵役等方面；宗亲血缘也是家庭的重要依据。改革开放以来，伴随着市场经济和城镇化不断深入发展，家庭中的个体已经逐步由"家庭人"向"社会人"转变，①家庭与社会的联系日益紧密，关联性更强。

随着社会的文明和进步，家庭观念在悄悄发生变化，宗法制观念形式上被否定，等级森严的封建家长制渐渐被打破；随着女性受教育程度、社会地位的提高，女性经济较为独立，并与男性承担同等责任，家庭内部成员分工逐渐模糊，"男大当婚、女大当嫁""门当户对""嫁鸡随鸡，嫁狗随狗""多子多福""养儿防老"等传统观念逐渐被摒弃，恋爱自由、婚姻自主、男女平等、家庭民主、亲子人格平等、尊重个性、儿童优先、老年再婚等观念日益普及。

家庭是以婚姻关系为基础的社会生活的特定组织形式，社会变迁改变了人们的婚姻观，改革开放后，人们逐渐将婚姻纳入私人生活范围，使之成为实现自我价值的一种重要生活体现。

（二）家庭结构的变化

家庭结构不仅包括家庭人口数、家庭代次等成员构成，还有家庭成员经济、职业、文化程度等背景下分工、配合、互动的模式。第七次人口普查表明人户分离的流动人口为 3.75 亿人次，其中省内流动 2.5 亿人次，跨省流动 1.25 亿人次，与 2010

---

① 袁博：《国家、性别与生活》，山东大学博士学位论文，2020 年。

年相比，10 年增长了 69.73%。①

20 世纪 50 年代户均人口为 5.3 人，1982 年人口普查原始数据显示，三代家庭户是最主要的居住方式②，1990 年户均人口 3.9 人，2020 年平均每个家庭户的人口为 2.62 人，③ 中国已是平均家庭规模较小的国家。

1987 年出生人口为 2508 万，2016 年为 1786 万，2021 年出生并已经到公安机关进行户籍登记的新生儿共 887.3 万，④ 对比 2000 年及以前的人口普查数据，可以看到家庭结构的核心化、代际结构的简单化、家庭规模的小型化趋势明显，⑤ 夫妇二人家庭和单人户大幅增长，家庭"一代化"特征凸显，流动人口家庭、留守儿童家庭、城市核心家庭、隔代家庭、单亲家庭等现象同时存在。

（三）家庭功能的变化

家庭作为个体与社会的结合点，最基本的功能是满足家庭成员在生理、心理及社会方面最基本的需要。家庭的功能主要

---

① 国家统计局第七次人口普查公报（第七号），国家统计局官网：http：//www.stats.gov.cn/ztjc/zdtjgz/zgrkpc/dqcrkpc/ggl/202105/t20210519_1817700.html，2021-05-11。

② 杜鹏、武超：《1994—2004 年中国老年人主要生活来源的变化》，《人口研究》2006 年第 3 期。

③ 国家统计局第七次人口普查公报（第二号），国家统计局官网：http：//www.stats.gov.cn/ztjc/zdtjgz/zgrkpc/dqcrkpc/ggl/202105/t20210519_1817700.html，2021-05-11。

④ 公安部户政管理研究中心：《2021 年全国姓名报告》，2022 年 1 月 24 日。

⑤ 马春华等：《中国城市家庭变迁的趋势和最新发现》，《社会学研究》2011 年第 2 期。

表现在保持家庭的完整性、满足家庭及其成员的需要、实现社会对家庭的期望等方面。

现代社会,家庭作为生产和消费的基本单位的功能日益弱化或逐渐丧失,社会福利的提高和养老保险制度的实施,使得"养儿防老"的观念发生改变,加之抚育与教育成本的提高,家庭的生育功能减弱,初婚年龄和初育年龄推迟、生育子女数量减少、育龄妇女普遍采取避孕措施、生育观念发生很大变化。家庭的其他一些功能也日益社会化,如教育和社会化功能转移到早教机构、幼儿园和学校,安全保护功能转移到保险、社会福利、公安部门,家庭在人们生活中的重要性开始下降。

(四)家庭关系的变化

在传统社会中,文化的纵向传递使家庭成员几代人在价值观方面的差异并不显著。在社会变迁时,随着大众传媒的日益发达,电视、电话的普及以及电脑、网络、移动终端大量涌入家庭,大众传播媒介进入家庭领域的途径越来越多、周期越来越短,对人们在社会化过程中产生的影响也越来越大,这种影响表现出形式上的多样性、内容上的丰富性和受众的广泛性。大众传媒对人们的价值观念的导向作用和对人们行为活动的暗示作用不仅使家庭在几代人之间出现代差现象,也导致同代家庭成员间的各种价值观差异,且这种心理差异现象的时间间隔已经明显缩短。①

---

① 尹晶晶:《家庭代际冲突的社会工作介入研究》,兰州大学硕士学位论文,2019年。

在社会变迁过程中，生活节奏不断加快，生活方式不断变化，人们对家庭生活中各种角色的期望、领悟和实践也会出现差异，家庭成员对角色的扮演也会产生矛盾、遇到障碍。[①] 在现代社会中，个人与他人及社会的关系和沟通大量倚重各种通信工具、信息载体和大众传播媒介。借助这些手段，人的行为半径可延伸至很远的社会空间。但另一方面，人生活的物理空间缩小了，人与人的直接交流也减少了，家庭的静谧性被打破。由于交往的方式越来越间接化，交往的内容也就越来越非个人化。以直接交往为条件的情感交流变得越来越不可能，人际直接交往减少，情感联系淡化，每个人周围都是许多"熟悉的陌生人"。

变迁了的社会思想解放、个性自由，人权、隐私权的普及，人们对自身的尊严、权利和价值日趋重视，使得人们的自我意识日益觉醒、自我关注度不断提高，家庭的人际空间在日益扩大、家庭成员间的亲密性减弱，人跟人的界限越来越大，隔离感、界限感越来越重，父母控制子女的能力降低，父母威权衰落。

（五）家庭环境变化

家庭是人类赖以生存的一种生活环境。它提供了人类开展社会生活需要的环境，为人类实现社会化提供了条件。

乡村的社会组织不发达，首属（最早首先归属）群体如家庭、亲属、邻里、街坊等互动频繁，相互关系也比较密切，在人们

[①] 王跃生：《中国当代家庭关系的变迁：形式、内容及功能》，《人民论坛》2013年第8期。

的生活中发挥着重要的功能,如思想与情感交流、生产互助、生活扶持等。城市社会分工体系较为复杂,工厂、公司、学校、机关、工会、政党等各种社会组织在城市居民的工作与生活中占据了重要的地位。社会组织逐渐取代了首属群体的功能,城市首属群体成员从事共同活动的机会减少,成员之间的关系日渐疏远,所以城市家庭成员、亲属之间的关系远不如传统农村的亲密,邻里、街坊之间的联系就更为松散。城市居民住宅以单元式的楼房环境为主,具有"封闭式"的特点:天地狭小,离群索居,水电气声相通,老死不相往来,很难找到农村那种借来往还、互相帮助、互相怜惜的浓浓的人际互动和绵绵的温馨乡情。①

现代城市社会阶层日趋开放,社会流动率高,增加了各阶层间的了解与沟通,减少了误会、摩擦与冲突,提高了社会整合度,社会生活也因此变得更加生机勃勃。城市社会阶层体系更加开放,传统的等级森严的阶层体系已被打破,出现了高度的社会流动,不少出身工农的子弟正日益成为城市管理工作者、企业家或知识分子;社会流动的不断发生,反过来推动了现代城市社会阶层的进一步开放。人们感到可以通过努力获得自己应有的享受,认识到自己可以控制自己的命运,认识到人间所有的问题都是人为的结果。②

---

① 钱志亮:《城市新市民家庭教育的因应——生活方式转变的视角》,北京市妇女联合会:《建和谐家庭享幸福生活》,中国农业大学出版社,2011年。
② 马峰:《正确看待中国社会阶层流动问题》,《人民日报》2017年07月20日07版。

（六）家庭消费的变化

家庭消费的本质是家庭经济，经济基础决定上层建筑，消费的变化决定了家庭建设方向、储蓄投资、家庭活动内容、家庭观念、生活方式、生活态度等诸多变化。社会变迁使得绝大多数的家庭消费从生存型消费向发展型消费转变。

在改革开放前，我国生活资料严重短缺，农副产品以统购统销为主，消费品实行调拨分配，大多凭证定量供应，市场处于全面紧张状态。消费者没有选择自由，同时由于消费者收入水平低，金融资产少，不存在消费信贷，消费者的消费表现为当期收入当期消费的特征，主要关注的是生存性消费品，集中在食品、服装和日用品消费上。[1]

在改革开放后，国家逐步取消价格和票证管制，消费品价格逐步演变为由市场供求关系决定；流动性约束的放松，使贷款消费成为可能；预算约束得到放松，跨时消费选择成为可能；收入分配差距不断扩大，示范性消费的影响不断增强；广告等大众传媒对消费者的激励作用不断强化，消费者逐步进入以改善型为主、多种消费动机共存的消费升级阶段。消费者的关注点从彩电、冰箱、洗衣机等耐用消费品上，迅速升级为住房、汽车等高价值的商品消费，由此带动装饰装修、家具、家居、家电等商品消费规模的显著扩大。随着网上购物持续高增长，信息消费和服务型消费等也出现快速增长趋势，带动休闲、娱乐、

---

[1] 田学斌：《家庭消费结构演变的制度分析》，中国社会科学出版社，2007年，第27-28页。

教育培训等新兴消费业快速崛起。① 健康、绿色、环保、安全等的消费理念成为消费者选择商品的重要标准。

三、社会变迁对家庭教育的影响

家庭教育是在家庭生活中发生的、基于亲子关系以培养人为目标、旨在促进人的社会化过程的活动,它缺乏一定的系统性、计划性和集中性,但却极为灵活、无处不在、寓于一切日常活动之中,这就决定家庭教育必然与特定社会文化中的家庭观念、家庭环境、家庭结构、家庭功能、家庭关系等存在复杂而且深刻的同构与互动关系。

(一)家庭教育主体的影响

每个出生的孩子都希望被善待,既生则养,既养则教,抚养与教育子女是伴随着生育事实而产生的人类的天然义务,父母是家庭教育天经地义的责任主体。

父母的欢愉孕育了新的生命,由于人类新生儿的脆弱性,因而生命越弱小越需要父母的呵护与照料,而父母的亲自养育最有利于孩子的生长。育以养为前提,没有养就没有育,家庭是孩子的第一所学校,父母是孩子的第一任老师。良好的家风对于孩子人格的形成、品行的培养以及终身教育有着不可估量

---

① 黄晴琳:《我国城乡居民消费结构的变化特征及趋势分析》,中国立信风险管理论坛,2012年11月02日。

的作用。孩子能否学会做人，父母是第一责任人。父母应该担负起教育后代的责任，要时时处处给孩子做榜样，用正确行动、正确思想、正确方法教育引导孩子。因此，父母承担家庭教育的主体责任责无旁贷。从1966年的美国科尔曼报告[①]到2007年日本的三浦展报告[②]，都表明家庭教育中最重要的因素是父母的形象、教育背景、生活习惯、教养方式、亲子关系、夫妻关系以及与长辈的关系等。这些因素不仅直接关系到家庭教育的质量，而且与儿童的学业成绩有着紧密的相关性。生而不养，没有父母感，是悲剧的导火索，孩子在该被爱和教育的年纪，不该被无视和丢弃。生而不养，是为人父母最大的恶，是极其自私的表现。[③]

我国《民法典》第1058条明确规定：父母对未成年子女有养育的义务，如果父母不能够尽到养育义务，《民法典》第1067条规定：子女有权要求父母支付抚养费直至成年。而我国《刑法》第261条规定，对于年老、年幼、患病或者其他没有独立生活能力的人，负有扶养义务而拒绝扶养，情节恶劣的，处五年以下有期徒刑、拘役或者管制。为人父母需要强化法律意识，知法守法。

很多城市新市民去单位上班，工作方式由过去的自由散漫

---

① 参见[美]詹姆斯·S.科尔曼等：《科尔曼报告：教育机会公平》，汪幼枫译，华东师范大学出版社，2019年。
② 参见[日]三浦展：《下流社会：一个新社会阶层的出现》，陆求实、戴铮译，文汇出版社，2007年。
③ 推荐电影《何以为家》，黎巴嫩导演娜丁·拉巴基执导，2018年，豆瓣评分9.1。

无组织转变为按部就班的组织中人,生活节奏被加快,精密度要求迅速提高,按时按点到岗接受一定的制度约束,格式化、规律化的生活方式使得个人自由与原先相比受到极大限制,接送孩子上学、辅导孩子功课、陪伴孩子娱乐等都受到制约,导致孩子生活上缺人照料、行为上缺人管教、学习上缺人辅导的现象。

与大规模的城乡人口流动伴生的流动儿童和留守儿童,①多处于实际的"不完整家庭"环境中;社会变迁中出现的留守家庭、离异家庭、单亲家庭、组合家庭、留守儿童、丧偶式育儿、非婚子女、隔代抚养、代理抚养、无休止加班、"996"、父母沉迷手机或游戏成瘾等使得众多孩子监护缺失、家庭教育缺位。为了保住工作,很多人不得不牺牲跟家人在一起的时间,普遍出现放弃家庭教育责任的现象;在我国广大农村地区,尤其是一些经济落后的偏远地区,许多父母认为子女到了上学的年龄交给学校的老师就行,直接放弃自己的教育责任和义务——不少家庭的家庭教育责任主体缺失。

即便完整核心家庭也有不少存在监护人家庭教育主体意识不强,对未成年人生而不养、养而不教、教而不当的现象。

不少家长对家庭教育存在片面理解,将孩子的成长责任推给学校,一些家长更是将全部的养育重心放在物质投入上,忽

---

① 2013年全国妇联儿童工作部、中国人民大学人口与发展研究中心组成的课题组发布的《中国农村留守儿童、城乡流动儿童状况研究报告》显示,我国留守儿童数量为6102.5万人,0~5岁学龄前留守儿童2342万,城乡流动儿童3581万。

视对孩子的陪伴和支持。长期缺乏监护人有效的监护,特别是精神层面的关爱,有一些儿童甚至过早地出现心理问题。长期生活在远离父母、缺乏互动性照料的家庭环境中,学前留守儿童缺少亲子陪伴,在认知、语言、情感、社会性等方面均存在不同程度的发展滞后问题,这归咎于家庭教育责任主体履责不力。

近年来大家意识到家庭教育在一定程度上关系社会发展稳定,关系国家未来建设者的培养。国家有权利、有义务帮助父母教育好孩子。然而负有家庭教育指导、监督工作职责的政府部门和家庭教育指导机构等支持责任主体不明确,没有建立一套完整的工作机制推动、支持、落实家庭的主体责任,有关单位如各级政府、教育行政部门、妇联、精神文明建设部门、公安、民政、人民法院、人民检察院等司法机关,工会、关心下一代工作委员会等群团组织,以及居民委员会、村民委员会等基层群众自治组织,婚姻登记机构、收养登记机构、儿童福利机构,中小学校、幼儿园、婴幼儿照护服务机构、早期教育服务机构等教育服务机构,医疗保健机构,以及图书馆、博物馆等公共文化服务机构和爱国主义教育基地等都是支持责任主体,如何分工、怎么合作不明晰。为家长提供支持服务没有明确规范和要求,亟须尽快确立家庭教育工作的管理体制和经费、人才队伍的保障机制;搭建覆盖城乡的家庭教育指导服务体系,开展家庭教育研究、服务人员队伍建设和培训、公共服务产品研发,解决家庭教育自身资源有限和能力不足问题;界定家庭教育的内容和科学方法;加强对留守困境未成年人的家庭教育支持和服务；明确家庭教育服务机构的监管机构和自律机制；规定父母或其他监护人家庭教育失责需承担的法律后果；等等。

（二）家庭教育形式的影响

在传统结构的家庭中，祖父母可以协助父母照顾、管理、教育第三代，孩子可以得到更多的爱和更充分的教育，生活上的照顾和日常的管理也比较周到。老年人对孩子的照料更有经验，也比较耐心、细心，能较细致体察孩子的心情，教育工作也会做得更为深入和细致。[①] 这样的形式一方面满足了家庭中的老人对子女陪伴的需求，第三代儿童也容易从父母那里学到关心、照顾老人的好品质。家长的言传身教，对儿童的语言、情感、角色、经验、知识、技能与规范方面的学习与发展都产生着潜移默化的影响，家风在言传与身教中得以传承。社会变迁中的家风建设却随着家庭组织的松散化、家庭能力的弱化不同程度地被忽视，甚至出现断层的现象，家庭教育的形式变得简单粗暴，25.1%的四年级学生和21.8%的八年级学生表示"家长从不或几乎不花时间与我谈心"，22.5%的四年级学生和21.2%的八年级学生认为"家长从不或几乎不问我学校或班级发生的事情"。[②]

有些父母将孩子视为自己生命的延伸，期望他们完成自己

---

① 王星妮：《谈家庭结构对儿童个性形成的影响》，《文教资料》2013年第4期。
② 北京师范大学中国基础教育质量监测协同创新中心、北京师范大学中国教育与社会发展研究院、北京师范大学儿童家庭教育研究中心和中国教育报家庭教育周刊联合发布的《全国家庭教育状况调查报告（2018）》，北京师范大学新闻网，2018-09-26，https://news.bnu.edu.cn/docs/20180927154939425593.pdf.

没实现的理想,更认为自己的人生经验百分之百都可以复制到下一代身上。

有些父母最典型的一句口头禅就是"我都是为了你好",并以此为借口对孩子进行人生控制。

有些父母缺乏正确的儿童观、家庭观和教育观,漠视儿童主体地位、家庭意识淡薄、有"唯分数"倾向,通过不断加大教育资本投入来增加孩子考入好大学的筹码。

有些父母为了保障孩子的学习,代劳了许多本该孩子自己做的事情,存在过度干涉、过度保护和过度期望等越位现象。

不少年轻的父母经历了应试教育、升学压力、就业困难、经济转型等种种压力,他们超时工作、超量吃饭,压力大、挣钱难、社会成本高,上升空间逐渐被堵塞,觉得发展前景迷茫,洞悉并受困于自身无能,从而接受自己的不完美,与自己和解,变得"佛系""禁欲系",并对孩子也放弃要求,当"甩手"父母。

有的父母不知道怎样教育孩子,将训斥、打骂作为惯用方式,侵害未成年人的合法权益,家庭教育的功能无法正常发挥。有的父母甚至将自身的工作压力宣泄到孩子身上,将实施家庭暴力混同为家庭教育的方式。

(三)家庭教育内容的影响

家庭教育涉及很多方面,但最重要的是品德教育,是如何做人的教育。人的行为习惯、个性特点、认知风格等,都是在家庭中初步形成的。① 应该把美好的道德观念从小就传递给孩子，引导他们有做人的气节，帮助他们形成美好心灵，促使他们健康成长，长大后成为对国家和人民有用的人。

　　社会变迁中家长看到知识改变命运的现实，随着知识经济时代的来临，知识、智力已成为资本的象征，既得利益者不希望自己的孩子失落，未受益者不希望自己的孩子复制自己，竞争激烈化、低龄化，"内卷"越来越严重，以致家庭教育内容重智轻德、重知轻能，片面追求分数，多数父母存在不同程度的养育焦虑，过于关注孩子的学习，缺乏对思想品德、行为习惯的养成和劳动、运动等能力的培养。家庭教育的内容选择以学校学科分类逻辑为基础，并以学校的教学内容为标准，甚至复制、强化、超前学习学校教育的内容，造成家庭教育丧失自身的主体性、独立性和特殊性，家庭教育功能弱化为学校教育的附庸，严重影响了未成年人的健康成长和全面发展，甚至一些未成年人的合法权益受到严重侵害，引发社会广泛关注。

　　有研究表明四、八年级学生大都认为家长对自己最关注的是学习情况（选择比例分别为 79.8%、79.9%），远高于对其道德品质、日常行为习惯、兴趣爱好或特长、心理状况等方面的关注。与此同时，四、八年级班主任也认为家长最关注学生的方面是考试成绩（88.3%、90.1%），远高于对其爱好或特长发展、

---

① 顾明远：《教育领域改革的宏观视野》，《教育研究》2014 年第 6 期。

心理状况和人际交往等方面的关注。①

家庭是一个人最初学会适应的社会环境，作为初级群体，家庭受教育者与其父母、祖辈及同辈群体发生着最初的社会互动，家庭生活的行为规范也是个体最初接触到的社会规范。在独生子女家庭中，父母的言行成了受教育者唯一的参照系，子女把父母的需要、态度、个性、意志、价值观和情感作为认同的对象，通过学习、模仿逐渐内化形成自己的行为方式和道德信念体系。父母作为家庭教育的主导者，其自身的人格素养、言谈举止、待人接物的方式等，对儿童产生最早最直观的影响。

家庭教育的最终目的是帮助孩子脱离父母走向独立，成功地构筑自己的生活，但是许多父母（包括祖父母）对子女过分娇宠、溺爱，凡事包办代替。殊不知，父母的包办代替剥夺的是孩子学习和实践基本生活技能的机会，最终导致孩子缺乏最基本的生活技能，独立生活能力和生存适应能力非常差。初始社会化过程正是儿童养成良好行为习惯至关重要的时期，家长无微不至的关爱和越俎代庖不仅造就了孩子任性、懒惰、自我中心的性格，而且会阻碍孩子动手能力的发展，形成奢侈浪费的作风。

改革开放以来，我国采取了扩大教育投入、增加入学机会、优化资源配置等政策，以促进教育公平发展，但政策缩小的只

---

① 北京师范大学中国基础教育质量监测协同创新中心、北京师范大学中国教育与社会发展研究院、北京师范大学儿童家庭教育研究中心和中国教育报家庭教育周刊联合发布的《全国家庭教育状况调查报告（2018）》，北京师范大学新闻网，https：//news.bnu.edu.cn/docs/20180927154939425593.pdf 2018-09-26。

是受公共资源影响的教育差距，对家庭教育造成的教育差距影响甚小。

四、家庭教育立法的政策准备

为了让家庭教育更像家庭教育，让家长学会成为合格的家长，使父母获得开展家庭教育的社会支持，国家早就通过很多政策发布的方式表明了国家的家庭教育价值取向，告知、告示、指引和教育家长正确的家庭教育行为模式。

1950年公布施行的《中华人民共和国婚姻法》第十三条规定："父母对于子女有抚养教育的义务。"在以后进行的历次修订中，这一条始终保持未变，说明新中国对家庭教育历来重视。

1982年修订的《中华人民共和国宪法》在"公民的基本权利和义务"中规定："父母有抚养教育未成年子女的义务，成年子女有赡养扶助父母的义务。"这是家庭教育内容首次写进新中国宪法，标志着家庭教育被正式纳入宪法框架，有了国家根本大法的顶层设计与支持。

1986年制定的《中华人民共和国义务教育法》在第四条规定："家庭依法保障适龄儿童、少年接受义务教育的权利。"2006年修订的该法第三十六条进一步提出：应当"形成学校、家庭、社会相互配合的思想道德教育体系，促进学生养成良好的思想品德和行为习惯。"这些内容为家庭教育、学校教育、社会教育三种教育的衔接与配合以及教育的重点内容指明了方向。[①]

1992年颁布的《九十年代中国儿童发展规划纲要》提出了家庭教育的育人机制、课程建设、工作队伍等内容，基本确立了家庭教育的基本规范，集中体现为"两个机制、一个内容、一支队伍"。这是国家首次颁发有关家庭教育的指导性纲要，开始从政策层面指导家庭教育的开展。

1995年制定的《中华人民共和国教育法》第四十九条规定："未成年人的父母或者其他监护人应当为其未成年子女或者其他被监护人受教育提供必要条件。""未成年人的父母或者其他监护人应当配合学校及其他教育机构，对其未成年子女或者其他被监护人进行教育。学校、教师可以对学生家长提供家庭教育指导。"此后全国妇联与国家教委1996年印发的《全国家庭教育工作"九五"计划》对家庭教育的地位、举措、组织等内容进行了较为详细的部署；1997年颁布的《家长教育行为规范》在总结和继承我国家庭教育优良传统的基础上，针对新时期家庭教育面临的新情况、新问题，基于家庭教育组织、家长学校与妇联工作的协同，提出家长开展家庭教育的行为规范；1998年颁布的《全国家长学校工作指导意见》涉猎或重申了这些内容，不仅规定了父母教育子女的家庭责任，明确家长在家庭教育中的主体责任，而且明确了学校与老师对家庭教育的指

[①] 姚建农：《从子女到家庭：再论家庭教育立法》，《中国教育学刊》2018年第9期。

导义务。①

2002 年颁布的《全国家庭教育工作"十五"计划》对家庭教育的关注面增加，扩大了家庭教育指导对象的范围，由原来的 14 岁以下儿童家长扩大到 0-18 岁儿童家长，同时特别关注特殊儿童、流动儿童、0-3 岁儿童等群体。

2004 年颁布的《关于进一步加强和改进未成年人思想道德建设的若干意见》，进一步强调家庭教育的责任主体、基本方法、协作机制等。

2006 年修订的《预防未成年人犯罪法》第十二条规定："父母或者其他监护人应当学习家庭教育知识，正确履行监护职责，抚养教育未成年人。""有关国家机关和社会组织应当为未成年人的父母或者其他监护人提供家庭教育指导。"这些内容为父母如何履行职责、当好家长提出法律要求，并对国家机关与社会组织提出了搞好家庭教育指导服务的明确要求。

2007 年颁布的《全国家庭教育工作"十一五"规划》表明了家庭教育在国家经济社会发展，尤其是在教育改革和发展中的基础地位，体现国家在逐步完善家庭教育治理体系、提升家庭教育治理能力，多部门协同参与家庭教育政策体系的构建，推动家庭教育的科学化、法制化、规范化、社会化进程。

2010 年六部委制定并印发《全国家庭教育指导大纲》，依据儿童的年龄阶段，针对普通儿童和家庭、特殊儿童和家庭及

---

① 朱永新：《家校合作激活教育磁场——新教育实验"家校合作共育"的理论与实践》，《教育研究》2017 年第 11 期。

灾害背景下的家庭等，建立分类指导的家庭教育内容体系，科学规范家庭教育的原则、内容、形式和方法等。经党中央、国务院审议通过的《国家中长期教育改革和发展规划纲要（2010—2020年）》从经费、税收优惠等方面为家庭教育营造良好的政策环境，从降低家庭生活成本、补贴家庭教育开支、推进教育机会公平多方面入手，强化对家庭教育的政策保障；明确提出"制定有关考试、学校、终身学习、学前教育、家庭教育等法律"；提出通过家庭教育立法，明确政府的主导作用、家长的主体责任，规范家庭教育的基本内容、利益关系、组织体制、实施机制等。《关于指导推进家庭教育的五年规划（2011—2015）》提出："推进家庭教育法律政策完善，促进家庭教育立法取得实质性成果。"

党的十八大以来，家庭教育政策建设的步伐明显加快，2016年《关于指导推进家庭教育的五年规划（2016-2020）》的出台、2019年《全国家庭教育指导大纲》的修订、2020年《民法典》的颁布和《未成年人保护法》的修订等，为家庭教育促进法的制定奠定了更重要的基础，政策内容之间的衔接性进一步增强，家庭教育的责任主体、权利义务、核心价值、体制机制、基本原则、基本内容、评估办法、保障制度、利益关系逐步清晰、精细，家庭教育的立法条件日渐成熟。

以上相关法律及国家若干相关政策都分别制定了涉及家庭教育问题的法律条款或立法工作规划，尽管是零散的，但为制定家庭教育法律提供了多方面的法律依据。

习近平总书记站在培养担当民族复兴大任时代新人的高度，向全党、全社会发出注重家庭、注重家教、注重家风的动员令，并就家庭教育作出一系列重要论述。在 2012 年至 2019 年公开的有关教育的重要论述中提及"家庭"两字的频率为 115 次。① 党的十九届四中全会明确要求构建覆盖城乡的家庭教育指导服务体系，注重发挥家庭、家教、家风在基层社会治理中的重要作用。党的十九届五中全会进一步提出要加强家庭、家教、家风建设，健全学校、家庭、社会协同育人机制。这些都为新时代家庭教育的发展指明了方向、提供了遵循依据，使得家庭教育政策和立法的设计更加全面、科学、合理。

五、地方家庭教育立法的探索

全国妇联、教育部、中央文明办、全国人大内务司法委员会等在 2010 年即联手启动了家庭教育立法调研项目，形成了多次修改的家庭教育立法调研报告，十二届全国人大先后有 218 位代表就家庭教育立法提出议案；十三届全国人大会议以来，先后有 300 多名全国人大代表提出相关议案，要求全国人大启动家庭教育立法，推进家庭教育工作。②

全国陆续已有重庆、上海、贵州、江西、江苏、山西等地制定了关于家庭教育的地方性法规，进行了广泛的立法探索。

全国人大常委会认真贯彻落实党中央决策部署，充分尊重

---

① 薛二勇等：《家庭教育立法：回溯与前瞻》，《北京师范大学学报》（社会科学版）2019 年第 6 期。
② 周洪宇：《家庭教育立法：我的见证和思考》，《人民政协报》，2021-10-20。

代表主体地位，积极回应社会关切，将家庭教育立法列入 2020 年度立法工作计划，由全国人大社会建设委员会牵头起草草案，历经三次审议通过，从制度层面解决家庭教育面临的"生而不养、养而不教、教而不优"的困境。

家庭教育是教育的开端，关乎未成年人健康成长和家庭的幸福安宁，多元化、个性化、智能化的家庭教育更加注重以人为本、个性化培养、体验、参与和分享，促进儿童的健康可持续发展。家庭教育也关乎国家发展、民族进步和社会稳定，是提高社会治理法治化、公开化程度的重要组成部分，通过家庭教育可以强化道德约束、规范社会行为、调节利益关系、协调社会关系，乃至解决社会问题，促进社会公平、有序与和谐。

（作者钱志亮为中国教育学会家庭教育专业委员会副理事长，北京师范大学教育学部教师）

第六章

《中华人民共和国家庭教育促进法》的立法意义和价值

教育是人类独有的社会现象，包括家庭教育、学校教育和社会教育。家庭教育在现代教育中的地位和作用日益重要。从三大教育实施主体意义上，《家庭教育促进法》是我国围绕教育实施主体出台的第一部教育法，它的出台无疑是我国教育立法史上一件具有里程碑意义的大事。《家庭教育促进法》把过去长期以来人们视家庭教育关乎未成年终身发展和家庭幸福安宁的私人领域的"家事"，上升为关乎国家发展、民族进步、社会和谐稳定的"国事"，体现了中华传统文化"家是最小国，国是千万家"的家国情怀，对于促进家庭教育事业的健康发展、保障亿万儿童的健康成长，具有重大意义和价值。

一、确立了家庭教育在教育中的独特地位

长期以来，由于受应试教育的影响，家庭教育彻头彻尾地服务于考试升学的需要，家庭教育的主要任务变成了作业和补习，日益脱离了家庭生活，变成了学校教育的一部分，成了学校教育的"附庸"，家庭教育丧失了自己的独立性。《家庭教育促进法》通过以下三个方面的规定，确立了家庭教育在教育中的独特地位。

（一）品德教育是家庭教育的根本任务

《家庭教育促进法》开宗明义，强调家庭教育是"指父母或者其他监护人为促进未成年人全面健康成长，对其实施的道德品质、身体素质、生活技能、文化修养、行为习惯等方面的

培育、引导和影响""父母或者其他监护人应当树立家庭是第一个课堂、家长是第一任老师的责任意识,承担对未成年人实施家庭教育的主体责任,用正确思想、方法和行为教育未成年人养成良好思想、品行和习惯"。这就从法律上确立了品德教育是家庭教育的根本任务。家庭教育说到底是在家庭生活中进行的如何做人的教育。

家庭教育要强化品德教育,坚守育人初心,必须尽快走出应试教育的窠臼,从功利化、短视化的教育陷阱中走出来。首先,坚持育人第一、升学第二,不能让应试教育戕害了教育初心;其次,坚持健康第一,坚决守住学生身心健康的底线,不能让应试教育危害学生的健康成长。党的历代领导人都强调健康第一,不能以牺牲孩子的健康为代价追求升学利益;再次,坚持人格健全第一,不能让应试教育剥夺了学生人格塑造的机会。如果学生的身体健康、心理健康、人格健全出了问题,那么学生的一切学习成果都等于0。

(二)家庭教育的根基是家庭建设

《家庭教育促进法》要求"未成年人的父母或者其他监护人及其他家庭成员应当注重家庭建设,培育积极健康的家庭文化,树立和传承优良家风,弘扬中华民族家庭美德,共同构建文明、和睦的家庭关系,为未成年人健康成长营造良好的家庭环境"。

家庭教育的根基是家庭,家庭教育的根本是家庭建设。家庭教育身教重于言教。家庭教育本身是示范,是引领,是唤醒,不是说教。美好家庭本身就是最好的家庭教育。孩子是最可怕的模仿者。如果你想有一个富有爱心的孩子，首先你要成为一个富有爱心的父母。尽管你无法直接教育他们形成这样的习惯，但是你可以言传身教。家庭教育回归家庭本位，最根本的是，父母作为家庭教育的主体责任人，要在美好家庭建设上下功夫。

建设爱的家庭。美国国家教育委员会顾问、脑科学家约翰·梅迪纳发现，对学生的学业成绩最有预测性的一个指标就是家庭情绪的稳定性，而家庭情绪的稳定性取决于父母的关系。所以，他说过一句风趣的话：如果你爱你的孩子，如果你希望你的孩子的能力得到很好的发展，你就做一件事，去爱你的老婆吧！孩子的成长需要一个充满爱的家庭，在这样的家庭里，家庭生活中充满了关怀、温馨、温暖，洋溢着爱、付出、支持，始终让你感受到安全、向上和力量。

建设道德的家庭。儿童的家庭教育最核心的是品德教育。品德的养成，靠环境熏陶、靠榜样引领。儿童的健康成长需要一个道德的家庭、一个积极向上的家庭。如果父母对国家、对社会、对他人采取的是极端利己主义的价值观，孩子怎么会有高尚的人格，长大了怎么能够自觉奉献社会！我的母亲是一个不识字的农民，但是她给我的教育影响了我的整个人生："一个人什么时候都不能偷懒耍滑，什么时候都不要让人家看不起你，在背后戳你脊梁骨。"这对我养成诚实劳动、自立自强的人生品格影响极大！

建设安全的家庭。这里安全不是指身体的安全，而是儿童心理的安全。儿童的健康成长，需要一个温馨的、安全的家庭环境,父母必须给孩子提供心理上的安全感。这对儿童积极的情绪情感培育和人格养成非常关键。最可怕的是,孩子生活在性格非常暴躁的父母、随时发火的父母、时时干仗的父母身边。

建设热爱学习的家庭。儿童的健康成长,需要营造热爱学习、自由读书的家庭氛围。2021年秋季开学之前,我收到一位朋友发来的他亲戚家孩子自杀留下的一封遗书。遗书里有一句话:今天这个时代挺有意思的,跷着二郎腿、天天不读书的那个人,却天天训斥我们这些读书的人!显然,在这个孩子眼里,她的父母是不爱学习的反面典型!

建设自由民主的家庭。父母是家庭教育的主体责任人,但每当父母履行家庭教育职责的时候,你必须从内心忘掉你是孩子的父亲或母亲,否则,你在家庭教育中就常常会以老子自居。这种家庭教育孩子是不会接受的。父母不要一味地控制孩子,更不要居高临下地管控孩子,而必须在人格平等的基础上与孩子友好相处。

(三)家庭教育的本质是生活教育

《家庭教育促进法》要求父母或者其他监护人实施家庭教育,应当"相机而教,寓教于日常生活之中"。如果说,家庭建设是家庭教育的根基和根本,那么家庭生活就是家庭教育的重要载体,是家庭教育的基本样式。

家庭教育的第一个特点是潜移默化,家庭教育是环境熏陶的教育,是在良好的家庭生活环境里面潜移默化对孩子产生影响的教育;家庭教育的第二个特点是生活教育,家庭教育是在生活当中进行的教育，脱离了家庭生活，家庭教育就成了无源之水、无本之木；家庭教育的第三个特点是相机而教，家庭教育不仅是在家庭生活当中实施，而且是在家庭生活中唤醒了孩子成长意识的时候给予的相机引导。在这里，家庭教育绝不是刻意的说教。

生活是儿童的智慧之源。 当今时代，人类教育面临两个挑战，一是儿童的知识学习过度，二是儿童的生活学习贫乏。这两个挑战是一体两面、相辅相成的。当今时代的儿童，既不缺乏学习知识的机会，更不缺乏学习的资源，他们缺乏的是生活和实践。在技术革命之下，儿童的知识学习可以加速，但儿童的情感学习和社会性成熟却离不开生活的磨砺，是无法加速的。在应试教育盛行的大环境下，儿童的知识学习、学科学习过多，上课、作业、考试、补课几乎占据了孩子的全部时间。与此同时，儿童的生活学习、实践学习必然贫乏，没有时间空间了。这会对儿童的智慧发展造成严重影响。正因为如此，我认为，虚拟世界越发达，现实生活越可贵。

防止堵塞儿童的智慧发展之路。 儿童通过生活感知外部世界、进行意义建构的过程，是积累生活经验的过程，是自己去悟道理的过程，这个"觉"和"悟"的过程，就是儿童智慧发展的真实过程。知行合一是人才成长的根本规律。习近平总书记之所以强调增长知识和见识，就是要让儿童的学习做到知行合一，把掌握知识与增长才干统一起来。如果儿童的学习脱离了生活，失去了生活源泉的滋养，那么就从根本上堵塞了儿童的智慧发展之路。

家庭生活教育要为儿童的学科学习提供经验支持。要引导家长正确理解和科学把握家庭教育与学校教育的关系。进入新世纪以来,我国强调课程教学改革要回归生活,家庭要为孩子的学科学习奠基生活基础。在许多家长眼里,孩子回到家里,似乎不看课本知识、不做作业,就是玩耍,就是不学习。家庭不是学校的搬家,家庭教育样式不是学校教育的再现。家庭教育的根本任务是通过生活教育为儿童接受学校教育奠定学科概念、学科知识的经验基础。儿童在学校教育中接受大量学科概念、知识,其理解、贯通、内化往往需要生活经验做基础。

让儿童参与积极向上的家庭生活。儿童参与家庭生活本身就是最好的家庭教育。儿童是家庭生活的参与者、主动建构者,是家庭新生活的重要创造者,由此,儿童就成了家庭教育真正的主人。一是让儿童享受家庭阅读生活。阅读是儿童打开世界这本大书的不二法门。儿童之间的差距,往往不是在课堂上、辅导班上拉开的,而是在会不会阅读、喜欢不喜欢阅读、会不会思维上拉开的。二是让儿童享受家庭劳动生活。劳动既是智慧之源,也是责任养成之根。或许可以说,没有劳动教育就没有良好的品德教育,就没有真正的积极人格的养成。三是让儿童享受家庭自然教育。只有真正地走进大自然,深入大自然的深处,才能让儿童的内心感受到大自然的奇绝美丽,感受到阳光普照的公平,感受到大海无由挑拣的包容……。四是让儿童享受家庭实践生活。带领儿童走进社会、走进历史现场,与自然、社会、历史对话,体会世态炎凉,探索人生智慧,发现人性之美。五是让儿童享受家庭体育生活。现代体育的意义远远超出了强身健体本身。亲子体育是家庭教育最好的方式之一。六是让儿童享受家庭美育生活。美育无处不在,让儿童参与到家庭生活美、环境美、语言美、行为美的创造中来,就是最生动、最美好的美育。

二、明确了父母及其他监护人家庭教育义务

台湾学者周丽瑞认为,"所谓角色,是指一个人在所占社会位置上担任的任务与从事的活动,包括角色期待与角色表现。角色期待是社会期待该角色从事的活动,而角色表现则是个人在该角色中实际从事的活动"[1]。《家庭教育促进法》从以下几个方面规定了父母及其他监护人必须履行的家庭教育职业角色。[2]

(一)家庭是承担重要教育职能的社会组织

家庭是社会的细胞。婚姻与家庭是人类社会发展到一定阶段的产物。家庭既是人类社会人口再生产的重要组织,也是人类社会重要的生产组织。在人类社会专门的教育机构学校出现以前,人类的教育活动是与人类社会的生产生活融为一体的。儿童在家庭中孕育诞生,首先接受的就是以父母为代表的家庭成员的抚养和教育。学校教育体系诞生以来,人类教育下一代

---

[1] 赵刚、王以仁主编,《中华家庭教育学》,中国出版集团,2016年版,第15页。
[2] 张志勇、刘利民:《确立父母家庭教育的职业角色——家庭教育促进法立法的重大意义》,载《人民教育》2021(22)。

的责任更多地转向了学校这个专门的教育机构,但是,在儿童的道德、习惯、品性养成方面,家庭仍然发挥着不可替代的重要作用。德国幼儿教育实践家福禄贝尔说过,"从婴幼儿阶段起,真正的人的教育就开始了"。

家庭既是人生的第一所学校,也是人生的终身学习之地。随着人类信息社会的到来,特别是人工智能时代的到来,人类社会的知识教育进入低成本甚至无成本时代,"处处可学、时时可学、人人可学"的学习化社会时代已经到来,教育开始向家庭回归,家庭越来越成为具有重要教育职能的社会化教育组织,家庭教育在人类教育中的地位和作用越来越重要。

中华民族历来具有重视家庭教育的优良传统。以儒家为代表的中华优秀传统文化历来强调齐家治国平天下,特别重视以亲子血缘关系来界定家庭教育的责任。党的十八以来,以习近平同志为核心的党中央特别重视家庭家风家教。《家庭教育促进法》第二条规定,"本法所称家庭教育,是指父母或者其他监护人为促进未成年人全面健康成长,对其实施的道德品质、身体素质、生活技能、文化修养、行为习惯等方面的培育、引导和影响"。这就从法律上明确了家庭所担负的重要教育职能,意味着从法律上得到了确立。

(二)父母及其他监护人是家庭教育组织的主体责任人

家庭是儿童成长的第一环境,儿童在家庭中所接受的教育影响具有先入为主的特性,或者说,家庭教育对儿童接受其他教育具有奠基性意义。正如陈鹤琴先生所言:"从出生到七岁,是人生最重要的一个时期,什么习惯、语言、技能、思想、态度、情绪都在此阶段打下一个基础。若基础打得不稳固,那么健全的人格就不容易建构了。"[1]

近年来,全社会越来越重视家庭教育,呼唤家庭教育,支持家庭教育,强调家校共育。但是,必须明确,家庭教育是父母及其他监护人的责任,父母作为家庭教育教师,是家庭教育的主要承担者。家庭教育是一种职业,这一职业是天底下最难做好的职业!父母是这一职业的重要担当者,对此,《家庭教育促进法》第四条、第十四条对父母的家庭教育角色职责做出了明确规定:"未成年人的父母或者其他监护人负责实施家庭教育""父母或者其他监护人应当树立家庭是第一个课堂、家长是第一任老师的责任意识,承担对未成年人实施家庭教育的主体责任"。这从法律上第一次明确了父母应承担的家庭教育主体责任。

(三)父母及其他监护人应具备家庭教育专业素养

爱孩子是父母的天性,但是会爱孩子是一门科学。

家庭是儿童最早也是最持久的生活场域,帮助儿童个体实现独立生存是家庭教育的主旨,儿童实现从自然人向社会人的过渡,家庭教育与学校教育、社会教育共同承担着重要的责任和使命。儿童对生活世界的一切认识几乎都是从家庭开始的,儿童的思想品质、性格和良好行为习惯都是在家庭

---

[1] 陈鹤琴:《陈鹤琴教育文集·上卷》,北京出版社,1983年版,第583页。

中潜移默化形成的。一个儿童的健康成长，父母的素质是最核心的影响因素，父母的言行举止等直接关系到孩子的明天。在家庭教育中孩子不仅需要父母的爱，更需要科学和专门的知识、方法和艺术。

欧美发达国家对于家庭教育地位作用的认识和对家庭教育特点规律的研究较早。1968年，美国家庭教育协会把家庭教育专业化作为讲座的重点议题，并于1970年正式成立"家庭生活教育专业化委员会"。之后，家庭教育专业化逐渐成为各国教育发展和改革的一个重要课题。从学校教育而言，教师是经过专门教育机构培养的专业人员，父母作为家庭教育教师，与学校教育教师所要求的职业素养虽然有所不同，但也应该具备基本的家庭教育专业素养。

《家庭教育促进法》第五条第一款、第三款、第五款分别规定，家庭教育应当"尊重未成年人身心发展规律和个体差异""遵循家庭教育特点，贯彻科学的家庭教育理念和方法"；第十四条规定，父母或者其他监护人应当"用正确思想、方法和行为教育未成年人养成良好思想、品行和习惯"；第十六条第四款、第五款规定，"保证未成年人营养均衡、科学运动、睡眠充足、身心愉悦，引导其养成良好生活习惯和行为习惯，促进其身心健康发展""关注未成年人心理健康，教导其珍爱生命"；第十七条规定，"未成年人的父母或者其他监护人实施家庭教育，应当关注未成年人的生理、心理、智力发展状况，尊重其参与相关家庭事务和发表意见的权利"，并要求合理运用九种方式方法；第二十二条规定，"未成年人的父母或者其他监护人应当合理安排未成年人学习、休息、娱乐和体育锻炼的时间，避免加重未成年人学习负担，预防未成年人沉迷网络"。这些规定从教育学、心理学、营养学、健康学等方面，给为人父母者提出了重要的专业要求。父母要担负起合格的"第一任老师的责任"，必须成为自觉的家庭教育者，成为有实践智慧的家庭教育者。

提高父母及其他监护人家庭教育素养。首先，家长要树立正确的家庭教育理念。过去，每次孩子的考试成绩下来家长都要算名次。孩子的考试排名提高了心里很高兴，停滞不前就开始坐不住了，后退了更是天下大事！现在，学校不搞考试排名，考试成绩不公开，家长心里就没底了。要引导家长正确对待考试和考试成绩，说到底，日常考试评价的意义就是要看见孩子的问题，看到孩子改进的方向。其次，家长要掌握科学的教育知识。2017—2019年，山东省普通高中教育质量监测表明，非常喜欢艺术的孩子和不喜欢艺术的孩子相比，学业成绩高近40分。这说明，艺术教育不仅有助于学生的全面发展，也有助于提高学生的学业成绩。再次，家长要尊重家庭教育规律，懂得品德教育是家庭的根本任务，生活教育是家庭教育的主要形式，等等。

（三）父母及其监护人应与孩子共同成长进步

儿童良好的品行、习惯、志向，往往是在家庭环境中养成的。习近平总书记强调，家庭教育"最重要的是品德教育，是如何做人的教育"①。《家庭教育促进法》第三条规定，"家庭教育以立德树人为根本任务，培育和践行社会主义核心价值观，弘扬中华民族优秀传统文化、革命文化、社会主义先进文化，促进未成年人健康成长。"第十四条规定，父母要"用正确思想、方法和行为教育未成年人养成良好思想、品行和习惯"。陈鹤琴在《家庭教育》一书写道："做父母的不得不事事谨慎，务使己身堪有作则之价值。"②儿童是天生的模仿者，家庭教育具有潜移默化、言传身教、润物无声的特点，父母应做孩子的第一榜样，要用优秀的思想、品行和习惯去耳濡目染地促进孩子健康成长。

　　家庭教育是生活教育，家庭教育具有互动性和共时性。亲子之间高品质、高境界的家庭生活、陪伴和相处，可以在父母和孩子之间建立亲密的情感、交流和互动，习得相应的社会能力和道德价值。正因为如此，《家庭教育促进法》第十五条规定，"未成年人的父母或者其他监护人及其他家庭成员应当注重家庭建设，培育积极健康的家庭文化，树立和传承优良家风，弘扬中华民族家庭美德，共同构建文明、和睦的家庭关系，为未成年人健康成长营造良好的家庭环境"。父母是孩子最好的"范本"。良好的家庭阅读氛围、学习氛围、道德氛围，本身就是最伟大的教育力量。好父母就是一所好学校，父母改变，家庭改变，孩子就改变。

---

① 习近平：《在会见第一届全国文明家庭代表时的讲话》，载《中国妇运》2017(01)。
② 陈鹤琴：《家庭教育》，华东师范大学出版社，2013年版，第172页。

父母作为家庭教育者,一方面,要先受教育;一方面,应与孩子共同成长与进步。美国社会学家玛格丽特·米德在《文化与承诺》一书中,将人类文化划分为"前喻文化""并喻文化"和"后喻文化"。[1]陈建翔认为,在"后喻文化"时代,成人也要与时俱进,与孩子加强沟通,在某些方面向孩子学习,接受"再教育"[2]。

(四)父母及其监护人是家庭教育的终身学习者和实践者

人的发展贯穿于人的一生。中国人历来强调,活到老学到老。家庭作为儿童成长的重要场域,具有独特的文化特征和教育特征,影响个体从出生、成长到衰老的整个过程。可以说,家庭教育对个人教育与社会化的影响最早也最深远。一个儿童个体从上幼儿园到独立建立家庭之前,几乎每天有三分之二的时间,占一生的四分之一时间生活在原生家庭里,父母对孩子的影响深远而长久。即使成家立业,其子女的言行和处世方式,也深受父母教育的影响。从这个意义上讲,父母的教育责任是伴随其终生的。作为家长,为了履行好自己的家庭教育职责,必须成为家庭教育的终身学习者和实践者。

苏联教育家苏霍姆林斯基在《家长教育学》中说过:"在我们学校里,最重要的东西却没有讲授过,没有教给学生如何生活……生活就意味着要做妻子和丈夫,要当自己孩子的爸爸

---

[1] [美]玛格丽特·米德著:《文化与承诺——一项有关代沟问题的研究》,周晓红、周怡译,河北人民出版社,1987年版,第7页。
[2] 赵刚、王以仁主编:《中华家庭教育学》,中国出版集团,2016年版,第90页。

妈妈。"①台湾学者陈若琳认为,"为人父母的角色和亲职教养的知识、技巧都需要随着孩子的发展阶段、气质或环境脉络变迁有所学习和调整,也需要经常反思,从而提升亲职技巧"②,《家庭教育促进法》第三十二条规定,婚姻登记机关应当向"当事人宣传家庭教育知识,提供家庭教育指导";第三十五条规定,妇女联合会承担着"宣传普及家庭教育知识,……提供家庭教育指导服务"的职责;第三十八条规定,居民委员会、村民委员会应"组织面向居民、村民的家庭教育知识宣传,为未成年人的父母或者其他监护人提供家庭教育指导服务";第三十九条、四十条规定,"中小学校、幼儿园可以采取建立家长学校等方式,针对不同年龄段未成年人的特点,定期组织公益性家庭教育指导服务和实践活动,并及时联系、督促未成年人的父母或者其他监护人参加"。上述法律规定,为年轻夫妇从走进婚姻殿堂到为人父母,提供了接受家庭教育指导的机会。

(五)父母及其他监护人应与学校教育共同育人

习近平总书记在全国教育大会上强调:"办好教育事业,家庭、学校、政府、社会都有责任。"③《家庭教育促进法》第五条第四款规定,"家庭教育、学校教育、社会教育紧密结合、协调一致";第十九条规定,"未成年人的父母或者其他监护

---

① [苏]瓦·阿·苏霍姆林斯基著:《家长教育学》,杜志英等译,中国妇女出版社,1982年版,第2页。
② 赵刚、王以仁主编:《中华家庭教育学》,中国出版集团,2016年版,第175页。
③ 《习近平出席全国教育大会并发表重要讲话》,新华网,2018年9月10日。

人应当与中小学校、幼儿园、婴幼儿照护服务机构、社区密切配合，积极参加其提供的公益性家庭教育指导和实践活动，共同促进未成年人健康成长"。教育是一项系统工程，无论是家庭教育还是学校教育，在各司其职的同时，必须站在协同育人的视角，才能真正实现育人目标。家庭教育必须与学校和社会教育同步同心同行，同频共振，形成合力，才能有效促进学生健康成长。父母参与学校教育，做到家庭教育与学校教育协同育人、合作育人、共同育人，是父母的法定义务。

三、规范了政府、社会、学校促进家庭教育的职责

在人类社会发展的历史长河中，家庭教育主要在家庭个体的私人领域中进行，既不是一种职业，更谈不上专业。随着网络社会和人工智能时代的到来，家庭教育在人类教育体系中的地位越来越重要，家庭教育开始从私人领域走向社会公共领域，成为现代教育的重要组成部分，政府在支持家庭教育、促进家庭教育方面承担的公共职责越来越大。

《家庭教育促进法》第一条强调家庭教育具有"增进家庭幸福与社会和谐"的双重功能，第四条规定"国家和社会为家庭教育提供指导、支持和服务"。这就从法律上明确家庭教育的公共属性，家庭教育从私人领域上升为公共领域。家庭教育不仅是"家事"，更是"国事"，促进和支持家庭教育是政府、社会的法定义务。

（一）促进家庭教育的政府职责

《家庭教育促进法》规范了各级政府在家庭教育中必须履行的法定职责。

1. 领导家庭教育事业

《家庭教育促进法》从指导、规划、支持三个方面，规范了政府在促进家庭教育中必须履行的领导职责。

一是《家庭教育促进法》明确了家庭教育的指导职责和指导体系。该法律规定："各级人民政府指导家庭教育工作，建立健全家庭学校社会协同育人机制。县级以上人民政府负责妇女儿童工作的机构，组织、协调、指导、督促有关部门做好家庭教育工作。"同时，规定"教育行政部门、妇女联合会统筹协调社会资源……并按照职责分工承担家庭教育工作的日常事务"。以上条款明确了各级人民政府的家庭教育领导职责，厘清了政府负责妇女儿童的机构以及教育、妇联在家庭教育中的具体领导职责。二是《家庭教育促进法》明确了各级政府负责家庭教育事业规划的职责，要求"县级以上人民政府应当制定家庭教育工作专项规划"。三是《家庭教育促进法》明确了各级政府支持家庭教育的法定责任，规定"国家鼓励和支持企业事业单位、社会组织及个人依法开展公益性家庭教育服务活动"。第一，《家庭教育促进法》规定，"国家鼓励开展家庭教育研究，鼓励高等学校开设家庭教育专业课程，支持师范院校和有条件的高等学校加强家庭教育学科建设，培养家庭教育服务专业人才，开展家庭教育服务人员培训"，明确了政府支持家庭教育研究、培养家庭教育专业人才的法定责任；第二，《家庭教育促进法》明确了政府支持家庭教育的税收和财政政策,分别规定"国家鼓励和支持自然人、法人和非法人组织为家庭教育事业进行捐赠或者提供志愿服务,对符合条件的,依法给予税收优惠""县级以上地方人民政府及有关部门可以采取政府补贴、奖励激励、购买服务等扶持措施,培育家庭教育服务机构"。

2. 建立家庭教育公共服务体系

繁荣家庭教育事业,具有促进家庭幸福和社会和谐的重大作用。《家庭教育促进法》规定,"教育行政部门、妇女联合会统筹协调社会资源,协同推进覆盖城乡的家庭教育指导服务体系建设"。这就从法律上明确了各级政府推进家庭教育公共服务体系建设的主责单位。在此基础上,《家庭教育促进法》围绕建立家庭教育公共服务体系,做出了以下六个方面的具体法律规范。

一是明确了政府的家庭教育规划职责。要求"县级以上人民政府应当制定家庭教育工作专项规划,将家庭教育指导服务纳入城乡公共服务体系和政府购买服务目录,将相关经费列入财政预算,鼓励和支持以政府购买服务的方式提供家庭教育指导"。二是明确了政府建立家庭教育指导机构的职责。要求"县级以上地方人民政府可以结合当地实际情况和需要,通过多种途径和方式确定家庭教育指导机构"。同时,规定"自然人、法人和非法人组织可以依法设立非营利性家庭教育服务机构"。三是明确了政府建立家庭教育指导队伍的职责。要求"县级以上地方人民政府及有关部门组织建立家庭教育指导服务专业队伍,加强对专业人员的培养,鼓励社会工作者、志愿者参与家庭教育指导服务工作"。四是明确了政府编制家庭教育大纲的职责。要求"国务院应当组织有关部门制定、修订并及时颁布全国家庭教育指导大纲""省级人民政府或者有条件的设区的市级人民政府应当组织有关部门编写或者采用适合当地实际的家庭教育指导读本,制定相应的家庭教育指导服务工作规范和评估规范"。五是明确了政府建立家庭教育服务平台的职责。要求"省级以上人民政府应当组织有关部门统筹建设家庭教育信息化共享服务平台,开设公益性网上家长学校和网络课程,开通服务热线,提供线上家庭教育指导服务"。六是明确了政府建立家庭教育服务体系的职责。要求"家庭教育指导机构对辖区内社区家长学校、学校家长学校及其他家庭教育指导服务站点进行指导,同时开展家庭教育研究、服务人员队伍建设和培训、公共服务产品研发"。

3. 管理家庭教育事业

《家庭教育促进法》不仅规范了政府在促进、支持家庭教育方面的领导职责、建立家庭教育公共服务体系的职责,而且从三个方面明确了政府管理家庭教育的职责。

一是政府要加强对家庭教育的管理与监督。要求"县级以上地方人民政府应当加强监督管理,减轻义务教育阶段学生作业负担和校外培训负担,畅通学校家庭沟通渠道,推进学校教育和家庭教育相互配合"。第一,《家庭教育促进法》规范了政府有关部门的家庭教育管理职责。要求"教育、民政、卫生健康、市场监督管理等有关部门应当在各自职责范围内,依法对家庭教育服务机构及从业人员进行指导和监督"。第二,各级政府要确保家庭教育指导机构服务的非营利性。要求"家庭教育指导机构开展家庭教育指导服务活动，不得组织或者变相组织营利性教育培训"。二是规定了国家有关部门机构的家庭教育违法行为的法律责任。《家庭教育促进法》专门用第五章明确了家庭教育相关方的法律责任，从第四十八至五十四，用七个条款分别对父母及其监护人，负有家庭教育工作职责的政府部门、机构，家庭教育指导机构、中小学校、幼儿园、婴幼儿照护服务机构、早期教育服务机构，以及家庭教育服务机构，违犯本法、不履行相应责任的行为做出了相应的追责规定。特别强调，构成违反治安管理行为的，由公安机关依法予以治安管理处罚；构成犯罪的，依法追究刑事责任。三是规定了国家对家庭教育的表彰奖励职责。规定"国家对在家庭教育工作中做出突出贡献的组织和个人，按照有关规定给予表彰、奖励"。

（二）促进家庭教育的社会职责

《家庭教育促进法》从以下三个方面规范了社会承担的家庭教育职责：一是加强社区家庭教育指导服务。要求"居民委员会、村民委员会可以依托城乡社区公共服务设施，设立社区家长学校等家庭教育指导服务站点，配合家庭教育指导机构组织面向居民、村民的家庭教育知识宣传，为未成年人的父母或者其他监护人提供家庭教育指导服务"。二是加强医疗保健和婴幼儿照护、早期教育服务机构家庭教育指导服务。要求这些机构对有关成年人、未成年人的父母或者其他监护人开展科学养育知识和婴幼儿早期发展的宣传和指导等。三是加强公共文化服务机构、新闻媒体家庭教育指导服务。要求图书馆、博物馆、文化馆、纪念馆、美术馆、科技馆、体育场馆、青少年宫、儿童活动中心等公共文化服务机构和爱国主义教育基地每年应当定期开展公益性家庭教育宣传、家庭教育指导服务和实践活动，开发家庭教育类公共文化服务产品；广播、电视、报刊、互联网等新闻媒体应当宣传正确的家庭教育知识，传播科学的家庭教育理念和方法，营造重视家庭教育的良好社会氛围。

（三）促进家庭教育的学校职责

学校教师离学生父母、离家庭教育最近，学校教育在支持家庭教育中负有特殊责任。《家庭教育促进法》规范了学校促进家庭教育五个方面的责任：一是加强教师家庭教育指导能力培训。中小学校、幼儿园应当将家庭教育指导服务纳入工作计划，作为教师业务培训的内容。二是开展公益性家庭教育指导服务。中小学校、幼儿园可以采取建立家长学校等方式，针对不同年龄段未成年人的特点，定期组织公益性家庭教育指导服务和实践活动；根据家长的需求，邀请有关人员传授家庭教育理念、知识和方法，组织开展家庭教育指导服务和实践活动，促进家庭与学校共同教育。三是支持社区开展家庭教育。具备条件的中小学校、幼儿园应当在教育行政部门的指导下，为社区家庭教育指导服务站点开展公益性家庭教育指导服务活动提供支持。四是为特殊学生提供针对性家庭教育指导服务。要求中小学校发现未成年学生严重违反校规校纪的，应当及时制止、管教，告知其父母或者其他监护人，并为其父母或者其他监护人提供有针对性的家庭教育指导服务；发现未成年学生有不良行为或者严重不良行为的，按照有关法律规定处理。

前苏联著名教育家苏霍姆林斯基说过，只有学校和家庭志同道合，抱着一致的信念、一致的行动，儿童才能获得全面和谐的发展①。当前，迫切需要家庭教育与学校教育形成合力，共同护航儿童的健康成长。一是凝聚教育共识，让教育回归育人初心；二是提高家长家庭教育素养，实施科学的家庭教育；三是家庭教育与学校教育形成互补协同关系，家庭教育不能成为学校教育的附庸，家庭教育应当承担起生活教育、品德教育、习惯养成教育的重责大任。

（四）家庭教育指导必须坚持公益性原则

为了落实政府社会促进家庭教育的职责，《家庭教育促进法》要求县级以上地方人民政府及有关部门组织建立家庭教育指导服务专业队伍，通过多种途径和方式确定家庭教育指导机构。家庭教育指导机构对辖区内社区家长学校、学校家长学校及其他家庭教育指导服务站点进行指导，同时开展家庭教育研究、服务人员队伍建设和培训、公共服务产品研发。一方面，《家庭教育促进法》规定家庭教育指导机构应当及时向有需求的家庭提供服务；另一方面，《家庭教育促进法》规定家庭教育指导机构开展家庭教育指导服务活动，不得组织或者变相组织营利性教育培训。

---

① [苏] 瓦·阿·苏霍姆林斯基著:《给教师的建议》，杜殿坤译，教育科学出版社，1984年版，第407页。

父母要履行好家庭教育职责,必须强化其承担的家庭教育法定责任。要在全社会宣传《家庭教育促进法》,让这部法律走进亿万家庭,切实唤醒亿万父母的家庭教育意识,切实履行好自己的家庭教育职责。各地要通过积极的司法实践和生动的案例教育广大家长,促进亿万家长履行好家庭教育职责。

四、形成了儿童家庭教育保护的强制规范

《家庭教育促进法》单列"法律责任"一章,对父母及其监护人、政府部门、司法机关、担负家庭教育指导责任的机构等在促进家庭教育方面应担负的具体法律责任做出了规范,形成了儿童家庭教育保护的一系列强制规范。

(一)对不履行家庭教育义务者实施批评教育

父母及其监护人必须履行相应的家庭教育职责,这是《家庭教育促进法》对父母及其监护人做出的法定义务规范。该法对不履行家庭教育职责的父母及其监护人做出了强制性规定,要求对"父母或者其他监护人拒绝、怠于履行家庭教育责任,或者非法阻碍其他监护人实施家庭教育的,应当予以批评教育、劝诫制止,必要时督促其接受家庭教育指导"。

(二)对不履行家庭教育义务导致严重后果者实施训诫

父母及其监护人必须正确履行家庭教育义务,因家庭教育失职、失范,导致未成年人存在严重不良行为或者实施违法犯罪行为的,或者未成年人的父母或者其他监护人不正确实施家庭教育侵害未成年人合法权益的，《家庭教育促进法》要求政法机关"根据情况对父母或者其他监护人予以训诫，并可以责令其接受家庭教育指导"。正是基于这一法律规定，一些司法机关开始运用法律武器对不履行家庭教育职责导致青少年严重不良行为或违法犯罪的父母或者监护人发出了《家庭教育指导令》。

（三）对未成年人实施家庭暴力者追究法律责任

父母及其监护人实施家庭教育必须尊重儿童的人格，严禁在家庭教育中对未成年人实施暴力，规定"未成年人的父母或者其他监护人在家庭教育过程中对未成年人实施家庭暴力的"应追究法律责任。这是对过去传统家庭教育父母采取打骂等方式教育孩子的一种惩戒性规定。

（作者张志勇为北京师范大学中国教育政策研究院执行院长、教授，教育部基础教育教学指导委员会家庭教育专业委员会主任委员）

第七章

《中华人民共和国家庭教育促进法》的时代特性

第七章　《中华人民共和国家庭教育促进法》的时代特性

《中华人民共和国家庭教育促进法》（以下简称《家庭教育促进法》）的颁布实施，不仅标志着中国家庭教育进入了法治化的新历史阶段，而且标志着包括学校教育、家庭教育和社会教育在内的现代教育制度建设取得重大进展，具有历史意义。为了更全面有效地贯彻和实施《家庭教育促进法》，需要从大教育的视野出发，不断准确把握其精神实质和核心要义。本文拟就《家庭教育促进法》的时代背景，家庭教育目的、本质、途径，父母教育以及家庭教育的内外部关系，做一个初步探讨和解读。

一、时代背景：时代性与历史性的统一

中国具有重视家庭教育的传统。然而，国家从立法的高度关注家庭教育，却有着超越传统意义的时代内涵。现代社会，一个社会组织或群体引发政策（包括法律）关注的时机主要有两个：该社会群体和组织的运行遇到了困难和问题，或者其外部关系随着经济、社会和文化的变化发生了重大改变。[1]《家庭教育促进法》出台也是如此，在家庭对未成年人子女教育问题上，全面回应当代中国社会的深刻变化和发展对家庭教育的重大紧迫要求，在立法的观念、内容、结构上，具有鲜明的时代特征。家庭教育问题引发立法的主要背景包括：党风家风问题，培养社会主义事业接班人问题，素质教育问题，具有全社会性的升

---

[1] *A History of the Sociology of Childhood*, Institute of Education Press, 2013：3.

学焦虑问题，家庭生育计划（家庭考虑子女教育的第一环节）与人口问题。《家庭教育促进法》意在从法律规范（政策的最高形式）上回应这些重大的时代课题。

所以，《家庭教育促进法》既是对中国家庭教育优良传统的法律确认，更是对家庭教育时代命题和挑战的必然回应，是家庭教育时代性和历史性的统一。否则，我们无法理解家庭教育立法不是发生在历史上的任一时期，而是发生在当下。

首先，《家庭教育促进法》系统反映了中华民族历来重视家庭教育的优良传统，凝聚了中华民族传统家庭教育的精华。第一，中华民族传统家庭教育注重品德教育。第二，中华民族传统家庭教育重视言传身教。《家庭教育促进法》第十七条第3—5款"相机而教，寓教于日常生活之中；潜移默化，言传与身教相结合；严慈相济，关心爱护与严格要求并重"这些都是对言传身教的科学总结和概括。第三，中华民族传统家庭教育重视家庭、家教和家风，并形成了诸多家规、家训等家庭教育文本。家教和家风对于个体成长和发展十分重要。《家庭教育促进法》第十四条也要求"未成年人的父母或者其他监护人及其他家庭成员应当注重家庭建设，培育积极健康的家庭文化，树立和传承优良家风，弘扬中华民族家庭美德，共同构建文明、和睦的家庭关系，为未成年人健康成长营造良好的家庭环境"。凡此种种，都充分反映《家庭教育促进法》的立法精神和相关条文（特别是第一章"总则"的第一条、第三条，第二章"家庭责任"中的第十五、十六、十七条）具有鲜明中国特色。

其次，《家庭教育促进法》在继承中华民族家庭教育优秀传统精华的基础上,更加体现了立法的时代性特征。家庭教育是现代生活教育。如今的家庭功能主要是再生产、家庭成员的社会化枢纽和部分社会化、经济消费、情感支持紧密交织在一起,并越来越多与社会运行发生着密切的功能关联和依赖。相应地,家庭生活的内容和结构伴随着社会的巨变发生着代际的重大变化。例如,研究表明,年长的一辈对于田园诗般的农村家庭生活、在公共场所尽情玩耍到太阳下山的城市儿童生活尽管有着一种难舍的情怀,但这些传统的生活画面却是一般不会再发生的往事。家庭生活的内容和结构不可逆转地发生了现代性转变。

第一,现代家庭生活越来越"核心化",局限于核心家庭内部的就餐、娱乐、游戏、集体讨论和共同阅读、网络和电视、共同履行家务、家庭外出等,与周边邻里和社区的联系减少;第二,家庭生活越来越"网络化",由于网络技术的高度发达,家庭生活发生在一个立体、复杂的网络空间之中,家庭成员在多重社会角色中频繁转换,连贯的家庭陪伴、亲子陪伴越来越困难;人们越来越借助网络生活获得信息,进行社会交往,接受各种影响,父母的教育主体地位受到挑战;第三,家庭生活越来越"儿童中心化",当家庭中的成年人世界和儿童世界发生重叠时,不再是以"成年人世界"同化"儿童世界",而是"成年人世界"服从和服务于"儿童世界","下行式儿童中心主义"逐渐成为家庭文化主流[①];第四,家庭出现了儿童生活"学术化"

---

① 阎云翔、杨雯琦:《社会自我主义:中国式亲密关系——中国北方农村的代际亲密关系与下行式家庭主义》,《探索与争鸣》2017年第7期。

倾向（儿童生活很大一部分发生在以学术化为主要特征的学校等教育机构，或者儿童生活乃至家庭生活与学术化学习生活发生着越来越多的关联），学习型家庭的特征日益明显；第五，儿童玩耍时间被越来越"结构化"安排，"开放式"同辈玩耍中的自定规则、自我组织、自我实施的重要发展环节被成年人所取代，儿童成为成年人既定安排活动结构中的单纯练习者，儿童"玩耍"越来越多地被缺乏自主性的"训练"所替代。

家庭现代生活的这些内容与结构的改变，具有"一枚硬币"一样的两面性，都是家庭教育需要认真正视和回答的社会事实。《家庭教育促进法》家庭教育的根本任务（第三条）、家庭的责任（第二章，尤其是第十五条强调家庭建设、家庭文化和家庭关系），都是以家庭现代生活为载体。家庭教育指导，就是面向现代典型的、具体的家庭集体性生活（家庭就餐、亲子共读和家庭学习生活、叙事交谈、娱乐与游戏、网络生活、家务、参加社会活动等）展开针对性指导。这是家庭教育指导面临的重大挑战。

《家庭教育促进法》也对贯彻落实习近平总书记关于注重家庭、家教、家风建设的重要论述和中共中央办公厅、国务院办公厅《关于进一步减轻义务教育阶段学生作业负担和校外培训负担的意见》文件精神做出了回应。

二、家庭教育目的：立德为先与全面发展的统一

家庭教育的目的，是《家庭教育促进法》首先需要回答的

问题。家庭教育发挥着儿童成长的生理性抚育和起始社会性抚育的作用,满足儿童生存所需的生理需求,指导儿童适应社会、学会过日常生活。《家庭教育促进法》首先明确,作为现代教育制度基本组成部分的家庭教育,本质上是品德教育,根本任务是立德树人。立德树人就要立德为先和全面发展统一。

立德为先。中华民族历来具有高度注重品德养成的传统。在古代,孔圣人将"君子"视为做人的最高境界、做人的理想。例如,《论语·学而》中子曰:"人不知而不愠,不亦君子乎?""君子食无求饱,居无求安,敏于事而慎于言,就有道而正焉,可谓好学也已。"

习近平总书记在会见第一届全国文明家庭代表时指出,家庭教育涉及很多方面,但最重要的是品德教育,是如何做人的教育。也就是古人说的"爱子,教之以义方","爱之不以道,适所以害之也"。广大家庭都要重言传、重身教,教知识、育品德,身体力行、耳濡目染,帮助孩子扣好人生的第一粒扣子,迈好人生的第一个台阶。要在家庭中培育和践行社会主义核心价值观,引导家庭成员特别是下一代热爱党、热爱祖国、热爱人民、热爱中华民族。要积极传播中华民族传统美德,传递尊老爱幼、男女平等、夫妻和睦、勤俭持家、邻里团结的观念,倡导忠诚、责任、亲情、学习、公益的理念,推动人们在为家庭谋幸福、为他人送温暖、为社会作贡献的过程中提高精神境界、培育文明风尚。

立德树人需要内容和方式的载体。在家庭中的立德树人,存在于家庭生活中儿童身体的、认知的和情感态度价值观的交织发展之中,存在于人的全面发展之中。所以,家庭教育的目的是立德为先和儿童全面发展的统一。全面发展的基本内涵包括四个层面，即完整发展、和谐发展、多方面发展和自由发展①。"完整发展"，指人的各种最基本或最基础的素质必须得到完整的发展，各个方面可以有发展程度上的差异，但缺一不可，否则就是片面发展。"和谐发展"，指人的各种基本素质必须获得协调的发展，各方面发展不能失调，否则就是畸形发展。"多方面发展"，指人的各种基本素质中的各素质要素和具体能力在主客观条件允许的范围内应力求尽可能多方面地发展。"自由发展"，指人自主的、具有独特性和富有个性的发展。《家庭教育促进法》中第十六条家庭教育的内容涵盖了德（"五爱""三德"）、智（成才观、学习习惯、科学探索精神、创新意识和能力）、体（科学运动、身心健康）、美（健康审美）、劳（劳动观念、生活自理能力和独立生活能力）所有方面，体现了完整发展、和谐发展和多方面发展。第五条"尊重未成年人身心发展规律和个体差异"和第十七条"尊重差异，根据年龄和个性特点进行科学引导"体现了自由发展。

三、家庭教育本质：生活性与教育性的统一

《家庭教育促进法》基本框架的一个十分鲜明的特征，是家庭教育基于家庭生活这一基本理念。生活教育，是掌握《家庭教育促进法》立法本质的一个精髓。

教育的原型是社会交往活动，即人类的集体生活。家庭是

---

① 扈中平：《"人的全面发展"内涵新析》，《教育研究》2005年第5期。

社会交往活动的发生地，教育的发生地。所以家庭教育的原型，是生活教育，是所有发生在家庭成员之间活动的总和对儿童产生的影响。

家庭生活教育不等同于学校教育。如果把学校教育作为一切教育的原型，认为教育的根本特征是"以影响人的身心发展为直接目标的社会活动"，教育的"最正规"形式是"有目的、有组织、有计划"，那么家庭生活教育只能算是一种"非正式教育"，附属和边缘的地位不言而喻。于是，自然的家庭生活被努力改造为以教育为直接目的的"教育"活动。由此带来的后果是，"生活化为本"的家庭教育在理论和实践上被"学校化"了，而使家庭生活本身异化为"学校教育"，家庭功能出现紊乱，进而产生家庭关系特别是亲子关系的紧张。《家庭教育促进法》第二条家庭教育的定义为对未成年人"培养、引导和影响"而不是局限于"以直接影响为目的的活动"、第五条家庭教育基本要求如"遵循家庭教育特点"、第十七条家庭的方式方法如"亲子陪伴、潜移默化、相机而教"等，都是从家庭教育的生活化本质出发的。

"家庭教育"这个词组，重心是"家庭"而不是"教育"。家庭教育在于生活，在于家庭生活中的养育，在于家庭全面建设和经营。家庭生活由三类形态构成。第一类是制度化的家庭生活，是人们在家庭中理所当然、不假思索的常规生活。大量的家庭教育正是在这种家庭常规生活中潜移默化完成的。所以，家庭教育的底色，恰恰就是广义的家庭经营和家庭文化建设。第二类是有积极意义但无明确教育目的的家庭生活。例如，父母带孩子去动物园游玩。逛动物园是一种人为的选择。这种选择应该是基于游玩经历本身会对孩子具有积极影响。"好玩"是这种活动的本质特征。如果把这种活动设置为以教育为直接目的的活动,列出孩子逛动物园在认知上要达到什么目的,提出观察要求,让孩子完成作文,这就把家庭生活转变为一场教育行动。如果家庭中这样的"教育"行动经常化了,家庭生活就会因此发生"教育的异化",结果往往遭到孩子对父母和家庭活动的反感甚至怨恨。所以,有意义而无明确目的的家庭生活,是绝对必要的。这也是家庭教育不同于学校教育的一个显著特征。把所有有意义的家庭活动都转变为直接以教育为目的的活动,既无必要,而且有害。第三类是有明确教育目的和学习目标的家庭活动,例如课业和文化知识的学习、玩具和游戏的学习、各种交往和网络工具的学习等。随着科学技术的发展和越来越渗透于人类的生活,儿童需要学习的新东西越来越多,频率越来越快。这一类的学习,有着与学校教学过程相同和相似的规律,也与学校教育发生着最直接的联系,需要我们认真加以辨别和关注,需要更多与学校和老师沟通、合作,需要父母不断学习新知识。

《家庭教育促进法》规定了家庭教育的生活化本质,并不意味着减少家庭生活的教育性。家庭教育与学校教育和社会教育,有着共同的教育对象——未成年人,有着部分共同的教育内容,也绝不排斥直接以学习为目的的教育活动,但它又不同于学校教育和社会教育,有着特有的教育内容、环境和方式。《家庭教育促进法》第十六条规定了家庭教育的内容,第十七条规定了家庭教育的方式方法,第十八条规定了父母要自觉学习家庭教育知识，第三章"国家支持"和第四章"社会协同"更是突出对父母或其他监护人实施家庭教育的支持、服务。这些都充分说明家庭生活的"教育性"功能，教育的不只是未成年人，其实也包括父母或其他监护人与孩子的相互教育、共同成长。

四、家庭教育途径：积极陪伴与创造经历的统一

家庭的生活教育本质决定了家庭教育是通过父母对儿童的陪伴而发生作用，但家庭教育不仅是父母和家庭对儿童的直接影响，还包括父母作为儿童成长的代理人（agent），为孩子选择和丰富包括家庭经历、学校和培训经历在内的社会经历，使孩子"经历他们所需要的经历"。[1] 家庭教育的途径，是积极陪伴儿童与创造儿童经历的统一。《家庭教育促进法》相应的表述为"亲自养育，加强亲自陪伴""尊重特点，根据年龄和个性特点进行科学引导"等。

家庭对儿童的学习行为和学业成就具有重要影响。《科尔曼报告》指出，在一定条件下，家庭比学校和社区更能影响儿童的学业成就。如果控制家庭背景和一般社会因素，学校对儿童学业成就的影响并没有人们经验中想象的那么大。儿童因为家庭、社区和同伴环境的影响而产生的不平等将成为他们

---

[1] *Awakening children's minds: How parents and teachers can make a difference*, Oxford University Press, 2004: 27-28.

未来成年生活中需要面对的不平等。① 中国的一些研究也支持了科尔曼等人的结论。通过对中国家庭动态跟踪调查基线数据（CFPS2010）的实证分析，结果发现家庭背景对儿童的学业成就有较大的影响；教育机会差异和家长教育参与是家庭影响儿童学业成就的两条重要路径。② 胡咏梅和元静利用我国东部和中部 5 省 16 个城市中小学校大规模测评数据，分析了学校投入和家庭投入要素对教育产出（以学生学业成绩为代理变量）的影响效应。结果发现，父母参与、父母教育期望等家庭投入要素对教育产出结果有显著的正效应。对于小学平均学业成绩而言，来自家庭的相关投入更重要。③

在家庭教育作用不断上升的历史性趋势下，人们开始越来越关注父母在儿童成长中的作用。"有质量的陪伴"于 20 世纪 70 年代应运而生。尽管"有质量的陪伴"的内涵和外延在学术上还存在有争论的地方，但已达成较为一致的观点：一是有质量的陪伴不是无止境地投入时间、精力、财力和智力。研究发现父母的工作态度和工作精神会给孩子带来积极影响。父母的工作与陪伴孩子存在某种微妙的平衡。二是有质量的陪伴一定

---

① Coleman, J.S., Campbell, E.Q., Hobson, C.J., Mcpartland, J., Mood, A.M., Weinfeld, F.D., York, R.L.,Equality of Educational Opportunity [R]. Washington, D.C., U.S. Government Printing Office, 1966：325.

② 李忠路、邱泽奇：《学校投入与家庭投入哪个更重要？——回应由《科尔曼报告》引起的关于学校与家庭作用之争》，《华东师范大学学报》（教育科学版）2021 年第 1 期。

③ 胡咏梅、元静：《家庭背景如何影响儿童学业成就？——义务教育阶段家庭社会经济地位影响差异分析》，《社会学研究》2016 年第 4 期。

是积极陪伴，且需要相当陪伴时间的积累。积极陪伴主要指投入时间陪伴孩子的同时把精力真正花在陪伴孩子上。父母不仅要多陪伴孩子，还要重视陪伴的质量。《家庭教育促进法》第十七条"亲自养育，加强亲子陪伴；严慈相济，关心爱护与严格要求并重"强调了有质量陪伴的重要性。第二十条"未成年人的父母分居或者离异的，应当相互配合履行家庭教育责任，任何一方不得拒绝或者怠于履行"是面对当前离异家庭增多，从父母应履行家庭教育主体责任的角度，间接强调父母双方应给予孩子关心、爱护和陪伴，不可以缺位。

父母不是万能的，陪伴不是万能的。生活教育的本质是让孩子在多种社会经历中成长。与陪伴同等重要的父母职责，是创造、挖掘和引导孩子去经历孩子所需要的经历，经历能够激发孩子潜能的经历。经历的多少，质量的高低很大程度上会影响一个家庭教养孩子的效果。《家庭教育促进法》第十八、十九条要求父母积极参加社会组织特别是学校提供的实践活动机会；第四十六条还要求"图书馆、博物馆、文化馆、纪念馆、美术馆、科技馆、体育场馆、青少年宫、儿童活动中心等公共文化服务机构和爱国主义教育基地开发家庭教育类公共文化产品"，配合和帮助父母形成儿童多样化的积极社会经历，扩大经历选择范围。

五、家庭教养知识：阶段性和全局性的统一

家庭教育的极端重要，是否意味着父母需要掌握系统而复

杂的家庭教育专业知识？很多父母甚至教育专业人员把两者等同起来，催生了父母的极度焦虑。《家庭教育促进法》对此给予了明确否定的答案：从家庭教育的生活本质和家庭教育的阶段性出发，父母需要掌握家庭教养的知识；学校和社会对父母的教育，是建立在父母阶段性掌握教养知识和经验基础之上的，因而是有限的。我们应当让父母重视家庭教育的科学性基础，但用复杂的知识助长父母对孩子抚养的焦虑，则是我们必须要努力避免的。

父母都想让自己的子女走向社会，过上有意义、幸福的生活。面对社会竞争的不断加剧，在抚育子女时父母期望子女更卓越、更有成就。当子女的表现无法达到自己的教育期望时就容易出现育儿焦虑。育儿焦虑的产生还与经济社会发展、住房教育医疗就业保障、社会心态和父母育儿理念等密切相关。当前一些低质量的育儿书籍和不当的家庭教育知识普及，反过来又加重父母的焦虑、干扰对于教育孩子需要的理性回应。

《家庭教育促进法》是回应社会关切问题，缓解父母育儿焦虑，推进家庭教育工作，促进未成年人健康发展。一些"专业人士"提出的父母全面掌握家庭教育系统知识的建议，甚至挑战了最有能力父母的信心，加剧了父母承担教育责任的焦虑。尤其是母亲们，因为害怕而相信自己的失误将不可避免地导致孩子们"一团糟"。事实上，研究表明，大部分父母可以凭直觉、记忆和生命历程中的经验解决大部分养育问题！①对大多数日常性家庭教育问题都给出"统一性""标准性"答案是非常危险的。不能让所有的父母都干同一件事。家庭教养方式方法色彩斑斓是一个国家一个民族代代持续保持生机活力的强大动力所在。

正确开展家庭教育，缓解育儿焦虑，父母首先需要学习的是儿童成长的阶段性知识。不同年龄阶段儿童有着不同的认知发展（如何思考）和社会发展（如何与他人联系）进程。美国心理学家埃里克森提出人格的社会心理发展理论，把心理的发展划分为八个阶段②，指出每一阶段的特殊社会心理任务；并认为每一阶段都有一个特殊矛盾，矛盾的顺利解决是人格健康发展的前提。

这些阶段性知识看起来庞大，但是，父母是伴随着儿童走过一个个发展阶段，对儿童成长的阶段性知识逐步分步吸收的，即阶段性的儿童发展知识主要是需要父母"阶段性"地加以学习，不需要一次性让父母系统掌握。而且这种阶段性的儿童成长知识，父母也不仅是通过书本学习和知识讲座获得，还可以通过父母之间、教师和父母之间的经验分享这样一些鲜活的形式来获得。

当然，父母还需要学习超越阶段性发展知识的家庭教育全局性知识，如当代教养方式以及相关的教养观念，这是家庭教

---

① *The price of privilege: How parental pressure and material advantage are creating a generation of disconnected and unhappy kids*, HarperCollins Publishers, 2006：101.
② *Childhood and Society*, W. W. Norton & Company, 1993：247-268.

育的关键问题之一①,渗透和决定着一切具体的亲子交往活动。目前国际上公认的教养方式一般分为专制型(父母对孩子说,按我说的去做!)、放任型(父母对孩子说,生活上我照顾好你,但你自己的事自己去拿主意!)、权威型(父母对孩子说,孩子,我们一起去完成!)和忽视型(父母放弃对孩子的所有责任,放任自流)四类。②《家庭教育促进法》第四十八、四十九条对于忽视型做出了明确的法律禁止。相对于专制型和放任型教养方式,明显倡导权威型教养方式。

权威型教养方式是密集性的养育方式。其特征是"有质量的亲子陪伴"(第十七条)、和睦亲密的家庭关系(第十五条),以及"温暖而坚定地"在身体、认知、情感态度和价值观发展上"严慈相济,关心爱护与严格要求并重"(第十七条)实现教育期望。父母权威型养育的家庭基础,是家庭利他主义和父爱主义在当代社会背景下的统一。权威型教养方式符合当代中国国情:改革开放以来,社会的快速变化和发展、社会流动机会加大、学校教育的制度性作用增强、家庭结构规模改变及其"下行式的儿童中心主义"的家庭文化、家庭和父母的教育代理权呈现历史性收回趋势,等等,都导致密集性的权威型教养方式成为家庭的理性选择和法律倡导。

教养方式的非理性选择,是权威型教养方式的极端化,如"虎

---

① *The price of privilege: How parental pressure and material advantage are creating a generation of disconnected and unhappy kids*, HarperCollins Publishers, 2006:128.

② Diana Baumrind: "Effects of authoritative parental control on child behavior", *Child Development* 1966(37)。

妈"等。极端密集的教养不仅对孩子的发展造成损害,必然还会导致不良的"父母学科消费""父母应试教育"的兴起,而这是增强父母焦虑的一个重要根源。极端密集的教养方式往往过度追求成就价值,会使孩子长期处于高竞争和高压力环境下,造成身心发展的损害;此外父母过度参与,使孩子失去独立性和自主性。《家庭教育促进法》第十六条规定"帮助未成年人树立正确的成才观""提高生活自理能力和独立生活能力"以及第十七条规定"尊重差异,根据年龄和个性特点进行科学引导"在一定程度上提醒了父母应当避免非理性选择,注重家庭教育的内容和正确方式。

六、家庭教育责任分工:私人性和公共性的统一

涂尔干的现代家庭悖论指出,现代家庭同时存在着两个渐行渐远的相反运动趋势:一个趋势是家庭越来越私人化和私密化;另一个是伴随着家庭的私人化和私密化,家庭同时越来越公开化和公共化。[①]家庭的这一对矛盾运动,成为现代家庭形成、运行、发展和解体全部生命周期的基本动力。与此相对应,在家庭教育中,父母承担家庭教育的"主体责任",而国家和社会对家庭教育起着必不可少的"支持、保障和服务"作用。

中国传统家庭教育有着深刻的小农经济历史和文化烙印。

---

① [法]弗朗索瓦·德·桑格利:《当代家庭社会学》,房萱译,天津人民出版社,2012年版,第4页。

中国古代生产力落后，家庭是个体赖以生存和发展的生活场所，个体既是家庭照顾的对象，也是提高家庭生产力和改善生活状况的劳动力。土地是当时主要的生产资料，个体固守家园，遵从伦理规范，勤恳劳作。由此中国传统儿童家庭教育的观念、内容和方法具有鲜明的"私人性"特征。① 一是"私人性"意识明显，强调为我所有。儿童是家庭附属品的想法是社会的普遍意识。父母对儿童拥有绝对的支配权。父母对儿童的各种教育活动，自然也被视为很"私人性"的个人事务。在儿童家庭教育过程中，旁人不能干预，也不想掺和到与己无关的别家私事中。二是"私性"内容突出，明确为我所用。突出成才教育，强调儿童有出息；重视伦理灌输，在意儿童要听话；强调防范谨慎，重视儿童不吃亏。三是"私人性"的方法明确，意在为我所控。以"个人—个人"的角色关系为基础，以代际相传与经验摸索为主要来源，过渡倚重等级压制与情感绑架。

"私人性"特征明显的传统家庭教育，在封闭的自给自足农耕经济时代具有合理性，也是现代社会推崇的家庭价值观。但是，进入工业社会后，儿童从进入社会生产，到大规模进入现代学校接受教育，国家和社会在儿童经历中扮演着越来越重要的角色。社会产生了新的儿童观，儿童的地位逐渐上升，并逐渐摆脱对家庭的绝对依赖，一定意义上成为了平等和独立的社会个体。儿童既是家庭成员，也是社会成员，是未来的社会

---

① 蔡迎旗、黎平辉、王佳悦：《从"私性"意识到"公共"精神：论当代中国儿童家庭教育变革》，《当代青年研究》2021年第4期。

公民，这一定程度上凸显了家庭教育的"公共性"特征。在《儿童的世纪：旧制度下的儿童和家庭生活》中，菲利浦·阿利埃斯认为从"旧"家庭到"现代"家庭的过渡是通过与孩子关系的变化实现的："当家庭调整了与儿童的内部关系时，家庭自身也发生了深刻的变化。"①

家庭结构的变化也导致了家庭教育越来越多的"公共性"性质。与传统的扩展型家庭相比，核心家庭的父母在社会角色多样化和"时间碎片化"约束下，从原来的大家庭内部可利用的资源和获得的支持也在减少，从而使家庭所承载的教育子女的传统功能日益与社会支持关联在一起，而且这种功能的外部关联随着人口流动的增加在加剧，家庭亟须外部力量和资源的帮助和支持。在这种情况下，家庭教育不再是局限于私人领域的"家务事"，其公共性特征日益明显。家庭教育的公共性主要体现在三个方面：其一，家庭教育的目的不仅限于个体发展的实现，还着眼于社会要求的满足；其二，家庭教育的实施依赖于家庭外部社会资源的支持；其三，家庭教育成为社会变化的制度性中介，同时家庭教育的结果具有广泛、深刻的社会影响。②

现代家庭的公开化和公共化，就是国家在公共的社会保障、司法、经济和教育制度层面削弱家庭对家族和邻里关系的依赖性、女性对男性的依赖性，乃至孩子对父母的依赖性。通过支持、

---

① [法]阿利埃斯：《儿童的世纪：旧制度下的儿童和家庭生活》，沈坚、朱晓罕译，北京大学出版社，2013年版，第273页。
② 罗爽：《我国家庭教育立法的基本框架及其配套制度设计》，《首都师范大学学报》（社会科学版）2018年第1期。

保障、服务,通过倡导和禁止,从外部协助现代家庭功能的良性释放。

《家庭教育促进法》第二章"家庭责任的具体内容",就是尊重家庭教育的"私人性",将家庭教育的功能回归家庭,明确父母或者其他监护人应当树立家庭是第一个课堂、父母是第一任老师的责任意识,承担对未成年人实施家庭教育的主体责任,并指导父母正确选择家庭教育内容,合理运用方式方法,最终教育未成年人养成良好思想、品行和习惯。同样,它更是一部"促进法",第三章和第四章从国家和社会全方位规定对家庭教育的支持、保障和服务、倡导和禁止,是举政府和全社会之力,特别是学校之力,以"指导父母"为主(包括对家庭教育的观念、知识、方式方法等的科学、规范性引导),并与其他的支持和服务相配套。家庭教育不是教育的"孤岛",而是与学校教育、社会教育一体化的"岛链"。家庭教育的健康良好发展,离不开国家支持和社会协同。

总之,我们要在现代历史背景中,在现代大教育视野下,从现代家庭内外部属性出发,去把握《家庭教育促进法》精髓。在这样一个框架下理解《家庭教育促进法》,可以读出这部法律更内在的东西。

(作者吴重涵为中国教育学会家庭教育专业委员会副理事长,江西师范大学教育学院教授、博士生导师;贺小茜为江西师范大学心理学院在读博士)

第八章

《中华人民共和国家庭教育促进法》的家庭教育主体责任

《中华人民共和国家庭教育促进法》(以下简称《家庭教育促进法》)自2022年1月1日开始实施后,湖南、河南、江苏等地法院纷纷发出《家庭教育令》,主要内容都是训诫失职的父母,要求他们遵守《家庭教育促进法》,履行家庭教育的主体责任。例如,2022年1月6日,湖南省长沙市天心区人民法院审理一起抚养权变更纠纷,针对监护人失职的情况,发出带有强制力的《家庭教育令》,裁定孩子的母亲陈某要关注孩子胡某茜的生理、心理状况和情感需求,要与学校老师多联系、多沟通,每周至少要与老师联系一次,了解胡某茜的详细状况。同时裁定陈某要与胡某茜同住,切实履行监护职责,承担起家庭教育的主体责任,不得让胡某茜单独与保姆居住生活,应该有母亲或近亲属养育与陪伴胡某茜。[①] 上述案例说明,家庭教育已经不仅仅是私事也是国事,父母和其他监护人需要自觉承担起家庭教育的主体责任。

《家庭教育促进法》是一部与千家万户关系极为密切的法律,因为关系到如何教育未成年人健康成长,也就关系到国家的未来与民族的希望。《家庭教育促进法》最为重要的原则之一,就是明确了家庭责任,即父母或其他监护人是家庭教育的主体责任者,国家和全社会给予家庭教育以支持。本章将从三个方面解读家庭教育的主体责任,一是父母或其他监护人为什么要承担家庭教育的主体责任;二是父母或其他监护人应该承担哪

---

① 崔丽、李桂杰、韩飏:《全国首份家庭教育令道是无情却有情》,《中国青年报》2022年1月17日。

些家庭教育的主体责任;三是父母或其他监护人该如何承担家庭教育的主体责任。

一、父母或其他监护人为什么要承担家庭教育的主体责任

有些父母可能会有疑问:把孩子送进幼儿园和学校,教育便主要由老师负责了,我们又不懂什么教育,怎么有能力承担起教育孩子的责任呢?如朱永新教授所分析,随着工业化革命带来的学校制度,家庭的确开始把自己的教育权让渡给了学校。一方面是由于父母尤其是母亲就业的大量增加,许多人成为职业女性,没有足够的时间和精力教育孩子;另一方面是由于学校教育相对专业化,具备系统的教育大纲、教科书、班级授课制和受过专业训练的教师,在教育上有着天然的优势。甚至有些父母会对老师说:"老师,孩子交给您了,该打就打,该骂就骂。"这些情况说明,文明的发展有一个过程,过去的人们对教育的理解比较狭窄和肤浅。

今天的世界已经进入信息化时代,人们越来越发现,人的教育仅靠学校是难以完成的,必须发挥家庭教育和社会教育的作用,形成家庭、学校、社会协调一致、相辅相成的教育体系。中国的教育实践还让我们意识到,家庭教育、学校教育和社会教育都以立德树人为根本任务,但三种教育具有不同的性质与实现途径,即家庭教育的本质特点是生活教育,学校教育的本质特点是知识教育,社会教育的本质特点是体验教育或实践教育。学校有指导家庭教育的责任,但家庭教育学校化和知识化

是一个误区，必须回归家庭生活教育的正道。《家庭教育促进法》一个显著的亮点，就是摆脱家庭教育是学校教育附庸的地位，让家庭教育真正成为一种独具魅力的生活教育。

《家庭教育促进法》"总则"第四条规定："未成年人的父母或者其他监护人负责实施家庭教育。"第二章"家庭责任"的第十四条规定："父母或者其他监护人应当树立家庭是第一个课堂、家长是第一任老师的责任意识，承担对未成年人实施家庭教育的主体责任，用正确思想、方法和行为教育未成年人养成良好思想、品行和习惯。共同生活的具有完全民事行为能力的其他家庭成员应当协助和配合未成年人的父母或者其他监护人实施家庭教育。"

"父母承担家庭教育主体责任"的提出是经历了一个实践过程的。从2015年10月教育部出台《关于加强家庭教育工作的指导意见》，到2016年2月国务院发布《关于加强农村留守儿童关爱保护工作的意见》，其中一个显著的特点就是首先强调父母的主体责任。什么是主体责任？简而言之就是第一责任，也是主要责任。《家庭教育促进法》提出家庭是第一个课堂、父母是第一任老师，第一就是先入为主，第一就是人生之基。这两个第一言简意赅地说明了父母或其他监护人为什么要承担家庭教育的主体责任，要求父母或其他监护人要"用正确思想、方法和行为教育未成年人养成良好思想、品行和习惯"。当然，家庭这个课堂是生活的课堂，父母作为老师是生活的老师。如著名教育家陶行知所说："好的生活就是好的教育，坏的生活就是坏的教育。"

树有根，水有源，父母或其他监护人为什么要承担家庭教育的主体责任？这可以从两个最基础也最直接的方面来理解，一是生命责任,二是社会责任。先说生命责任,是父母的爱情孕育了新的生命,新的生命最需要父母的呵护与照料,父母的亲自养育最有利于孩子的生长。再说社会责任,孩子都会逐渐长大并走向社会,而家庭教育尤其是家风是最深远最持久的影响。孩子能否学会做人,父母是第一责任人。将生命责任与社会责任结合起来看,又可以发现养和育的关系密切相连,育以养为前提,没有养就没有育,亲子依恋关系对家庭教育成败得失影响巨大。一代代人经历艰苦岁月长大,为什么最感恩父母的养育之情?如俗话说"儿不嫌母丑",就是依恋关系的反映。例如,荣获诺贝尔文学奖的中国作家莫言,他在瑞典文学院发表获奖感言,讲得最多的就是他的母亲,一个识字很少却有做人骨气和生活智慧的农村妇女,母亲在艰苦岁月教会了莫言如何做人,让莫言难以忘怀和终身受益。因此,父母承担家庭教育的主体责任是责无旁贷的神圣天职。

千家万户可能会有千差万别的情况,为了对未成年人健康成长负责,《家庭教育促进法》对一些特殊情况也做了明文规定。

有些监护人并非孩子的亲生父母,也需要像父母一样承担起家庭教育的主体责任。《家庭教育促进法》在规定家庭教育主体责任者时,总是将"父母或其他监护人"写在一起,意思是说,其他监护人与父母的责任是一样的,也是需要承担第一的和主要的家庭教育责任。根据《民法典》第二十七条的规定,未成年人的父母已经死亡或者没有监护能力的,由下列有监护能力的人按顺序担任监护人:(一)祖父母、外祖父母;(二)兄、姐;(三)其他愿意担任监护人的个人或者组织,但是须经未成年人住所地的居民委员会、村民委员会或者民政部门同意。

近些年来，离婚率居高不下，有些分居或者离异的父母可能会担心难以履行家庭教育主体责任。《家庭教育促进法》第二十条规定："未成年人的父母分居或者离异的，应当相互配合履行家庭教育责任，任何一方不得拒绝或者怠于履行；除法律另有规定外，不得阻碍另一方实施家庭教育。"父母分居或者离异可能有难以言说的原因，甚至可能怀有刻骨铭心的伤痛，这是完全可以理解的。但是，对于父母分居或者离异的孩子来说，更渴望得到父母双亲的关爱，因为父爱与母爱是两种不同却又是不可或缺的精神支撑和情感滋养。所以，父母要将孩子的需要视为最高的需要，积极履行自己的责任，而不可相互推诿，更不可播种仇恨。

留守儿童和流动儿童的家庭教育向来是一个薄弱环节，该如何改进和加强呢？《家庭教育促进法》第二十一条规定："未成年人的父母或者其他监护人依法委托他人代为照护未成年人的，应当与被委托人、未成年人保持联系，定期了解未成年人学习、生活情况和心理状况，与被委托人共同履行家庭教育责任。"这就要求将未成年孩子委托给他人的父母或者其他监护人，要继续履行主体责任，这是一个负责到底的法律原则，也是有利于孩子成长的原则。研究发现，父母即使不与儿童在同一时空中生活，父母和留守儿童也可以通过社会互动的不断积累而产生心理上的亲代在位。而且在留守儿童的成长中，亲代在位起着不可替代的作用。包括身体接触在内的亲子之间的亲密互动，之所以定义为亲代在位的核心层次（另有基础层次和支持层次），原因在于这一亲密互动往往决定着儿童亲代在位水平的高低。① 这个研究结果给予我们很多启发，留守儿童和流动儿童不等于问题儿童，如果父母认真履行家庭教育主体责任，与孩子保持亲密的互动关系，即使与孩子暂时不在一起生活，也能够对孩子的健康成长给予积极的影响。

《家庭教育促进法》的颁布实施，开创了新时代家庭教育事业的新格局。如"总则"第四条规定："未成年人的父母或者其他监护人负责实施家庭教育。国家和社会为家庭教育提供指导、支持和服务。国家工作人员应当带头树立良好家风，履行家庭教育责任。"毫无疑问，这是建设社会主义强国让人民幸福生活的基础工程。

二、父母或其他监护人应该承担哪些家庭教育的主体责任

什么是真正的家庭教育呢？《家庭教育促进法》"总则"第二条规定："本法所称家庭教育，是指父母或者其他监护人为促进未成年人全面健康成长，对其实施的道德品质、身体素质、生活技能、文化修养、行为习惯等方面的培育、引导和影响。"家庭教育主要是生活教育，在生活实践中教孩子学会做人，这5个方面就是家庭生活教育的核心内容和完整要求。第三条规定："家庭教育以立德树人为根本任务，培育和践行社会主义核心价值观，弘扬中华民族优秀传统文化、革命文化、社会主义先

---

① 吴重涵、戚务念：《留守儿童家庭结构中的亲代在位》，《中国家庭教育蓝皮书2020》湖南教育出版社，2021年10月版，第104页、108页。

进文化，促进未成年人健康成长。"这些法律规定简明扼要地概况出家庭教育的性质与内容，而这些都是父母或其他监护人的主体责任，特别是要将立德树人作为家庭教育的根本任务。

父母或其他监护人的主体责任既是重大的也是具体的，"道德品质、身体素质、生活技能、文化修养、行为习惯等方面的培育、引导和影响"，都需要落到实处。习近平总书记指出："家庭是社会的基本细胞，是人生的第一所学校。不论时代发生多大变化，不论生活格局发生多大变化，我们都要重视家庭建设，注重家庭、注重家教、注重家风，紧密结合培育和弘扬社会主义核心价值观，发扬光大中华民族传统家庭美德，促进家庭和睦，促进亲人相亲相爱，促进下一代健康成长，促进老年人老有所养，使千千万万个家庭成为国家发展、民族进步、社会和谐的重要基点。"[①] 这一完整而深刻的论述给予广大父母逻辑性很强的科学引领。也就是说，首先要重视家庭建设，特别是相亲相爱的家庭关系和丰富多彩的家庭生活，这是家庭教育的条件；其次是在日常生活中进行教育，用美好的教育提升生活的质量；再次是以社会主义核心价值观为追求，形成积极向上的家风，养成良好的习惯。《家庭教育促进法》将培养良好习惯作为家庭教育的基本内容之一，可见习惯养成对于未成年人健康成长何等重要。

当我们将立德树人作为家庭教育的根本任务时，自然会希望给孩子良好的道德品质教育，而道德品质教育的重要目标是

---

① 《习近平关于注重家庭家教家风建设论述摘编》，中央文献出版社2021年3月第一版，第3页。

养成道德习惯,因为习惯才是稳定的自动化的行为。所以有教育家说,家庭是习惯的学校,父母是习惯的老师。

在中国青少年研究中心工作期间,我曾经主持"杰出青年的童年与教育"的课题研究,对全国148名杰出青年进行了问卷调查。后来,《少年儿童研究》杂志发表《悲剧从少年开始——115名死刑犯犯罪原因追溯调查》(作者为郑文甫、辜其穗)。我们进行对比分析发现,148名杰出青年之所以获得成功,与他们童年时代养成的6个习惯特点密切相关,即自主自立、意志坚强、友善合作、明辨是非、选择良友、道德为先。与此相反,在对115名死刑犯犯罪原因追溯调查中发现,他们在童年时代也有6个共同的习惯特点,即厌恶学习、粗野无礼、好逸恶劳、亡命称霸、是非颠倒、荣辱不清。通过对比研究可以明显看出,杰出青年与死刑犯青年的童年显著差异之一就是习惯的不同,好习惯让人终身受益,坏习惯让人终身受害。①

一般来说,父母都是很重视孩子学会做人的,但为什么会出现知识至上重智轻德的倾向呢?这自然与升学压力和制造焦虑的社会影响有关,也与忽视成长与教育规律相关,似乎在学业竞争中胜出就是成功的人生。实际上,只有丰富的生活实践,才能形成良好的道德品质,才能真正学会做人。如果没有良好的品行,即使孩子成为学霸,也可能误入歧途,这样的悲剧已经不胜枚举。

家庭教育的内容是完整的也是相辅相成的。上面谈到的道德品质与行为习惯是极为重要的,身体素质、生活技能、文化修养

---

① 孙云晓:《习惯决定孩子一生》,北京师范大学出版社,2013年9月第一版,第28页。

等方面也深刻影响孩子一生的发展,需要父母高度重视。毛泽东在百年前即指出,"体者,载知识之车,寓道德之所,无体则无德智也。"可见,身体素质是人全面发展的基础,我们需要树立健康第一的观念,采取有力措施提升未成年人的身体素质。未成年人是要逐步走向独立的,并要承担起自我管理和服务社会的责任,如果缺乏生活技能,一切都可能处处碰壁,所以要从小培养孩子的生活技能,引导孩子热爱生活、学会生活和勇于创造美好的生活。精神需求强大是人格完善的一个鲜明特征,未成年人对于文化的需求更是如饥似渴,因此,家庭教育需要特别重视文化修养的提高,无论是树立正确的人生观、价值观和世界观还是培养创新精神与实践能力,这都是不可或缺的基础。

如今,许多人都在关心国家强力推进"双减"政策与家庭教育发展的关系,这的确是一个需要认识清楚的现实问题。《家庭教育促进法》支持"双减"政策的实施,在该法第二十六条规定:"县级以上地方人民政府应当加强监督管理,减轻义务教育阶段学生作业负担和校外培训负担,畅通学校和家庭沟通渠道,推进学校教育和家庭教育相互配合。"显然,国家推进"双减"政策的目的正是保护未成年人的健康成长,并将学校教育和家庭教育引向正道。成长与教育都是需要平衡发展的,减轻了学业负担,需要增加生活教育,而这是未成年人健康成长极为需要的必修课,自然也是家庭教育和学校教育不可推卸的重大责任。可以说,实施"双减"政策为家庭教育回归正道清除了障碍,让家庭教育更加注重"道德品质、身体素质、生活技能、文化修养、行为习惯等方面的培育、引导和影响"。

中华人民共和国家庭教育促进法解读

三、父母或其他监护人该如何承担家庭教育的主体责任

许多父母可能会说，我很想承担起家庭教育的主体责任，把孩子教育好，可是搞不懂如今的孩子在想什么，碰到一些麻烦或挑战就常常感到自己不懂教育，不知道该怎样去做。还有些父母因为学历低和收入少而缺乏自信。

生活实践告诉我们，父母能否教育好孩子不靠高学历、高收入和高社会地位，而是取决于教育素养，即教育理念、教育方法、教育能力三个要素，这是父母履行家庭教育主体责任的关键性条件。在拥有了正确的教育理念之后，方法和能力就是父母胜任力的关键。

《家庭教育促进法》确立了家庭教育的两个重要原则，一是要从孩子身心发展的实际出发，二是要尊重儿童或未成年人的权利，即生存权、发展权、受保护权和参与权，这是教育孩子的原则与前提，也是教育孩子最根本的方法。简而言之，可以概括为家庭教育的方法就是儿童友好的方法，即儿童利益最大化，怎样做对儿童发展有利就怎么做。

父母承担家庭教育主体责任有一个方向性的选择，就是负责什么和怎样负责。具体该从哪些方面入手来履行家庭教育主体责任呢？有专家将《家庭教育促进法》关于家庭教育的要求、内容和方法概括为"569"，即第五条提出的5个要求、第十六条确定的6项内容、第十七条倡导的9种方法，这些都包含了父母或者其他监护人应当承担的主体责任。如果更为简练一些，可以对应"总则"第二条的规定："父母或者其他监护人为促

进未成年人全面健康成长，对其实施的道德品质、身体素质、生活技能、文化修养、行为习惯等方面的培育、引导和影响。"既然这5个方面是家庭教育的主要内容与核心要求，父母或者其他监护人可以此为目标去履行自己的主体责任。

1. 发挥父母的榜样作用，培养孩子良好的道德品质

立德树人是家庭教育的根本任务，也是父母的第一责任。习近平总书记指出："广大家庭都要重言传、重身教，教知识、育品德，身体力行、耳濡目染，帮助孩子扣好人生的第一粒扣子，迈好人生的第一个台阶。"① 就是希望父母以身作则把住第一关，从细小的事情做起，教孩子学会做人。父母的责任该如何落到实处呢？一个非常关键也非常直接的责任，就是父母要为孩子做榜样，并且以此来逐渐形成良好的家风。北京通州区潞城镇古城村村民金敬聪一家就为我们做出了榜样。

"口中有德，目中有人，心中有爱，行中有善！"——这是金敬聪家庭的家训。他们全家既是在"志愿北京"平台上注册的志愿者，也是注册的志愿家庭。妈妈金敬聪注册于2009年，累计志愿时长7595小时；爸爸王学仁注册于2015年，累计志愿时长3796.5小时；女儿王俊格注册于2014年，累计志愿时长3110小时。在妈妈的带动下，做志愿者成为他们全家人共同的心愿与爱好。近年来，他们参与的志愿服务活动涉及控烟、助老、助学、助残、地铁服务、疫情防控、垃圾分类宣传，等等。现在，

---

① 《习近平关于注重家庭家教家风建设论述摘编》，中央文献出版社，2021年3月第一版，第19页。

金敬聪全家都是五星级志愿者,女儿目前还是通州区最小的五星级志愿者。在潞源街道党群服务中心,金敬聪正在忙碌着,为附近老人进行义务理发。考虑到有的老人行动不便,金敬聪的女儿王俊格便上门为老人服务,风雨无阻。"00后"的她,虽年纪不大却是一名老志愿者。王俊格说:"从8岁的时候我妈就带我去关爱中心慰问,后来慢慢接触社会上的志愿者,一点点就开始我的志愿之路了,希望以后能为更多的人服务,去诠释志愿者的意义。"她后来自己注册志愿团队"益动联盟",独立开展志愿活动。长期的志愿服务使她眼界开阔,提高了沟通能力,懂得了合作的重要性,学会了自我约束,学会了体谅父母,分担责任。①

孩子长大的过程是由自然人变为社会人即社会化的过程,需要逐步熟悉社会和适应社会,进而为社会进步做出力所能及的贡献,而自觉自愿地提供志愿服务是一个良好的成长途径。"00后"的王俊格之所以成为五星级志愿者,显然是深受妈妈的影响。由此可见,为孩子做榜样是父母履行主体责任的重要体现。

2. 对孩子的健康高度负责,强壮孩子的身体素质

父母们都希望孩子身心健康,但是面对学业竞争,有些父母担心孩子落后,往往就忽视甚至牺牲孩子的健康来拼学习,加上许多学校课业负担重,导致未成年人健康出现危机。党中央向来倡导健康第一的教育方针。自2021年起,国家强力推进"双

---

① 《心中有爱行中有善来听听全国文明家庭金敬聪的家庭故事》,《潇湘晨报》2021年9月3日。

减"政策，就是为了改变未成年人课业负担过重的状况，其实这也是父母的心愿与责任。

如何提高孩子的身体素质呢？科学研究告诉我们，良好的身体素质依赖于充足的睡眠、合理的营养和适当的运动。国家明确规定了中小学生需要的睡眠时间：小学生10小时、初中生9小时、高中生8小时。与此同时，倡导中小学生每天校内校外各运动1小时。毫无疑问，确保孩子享有充足的睡眠、合理的营养和适当的运动，是未成年人健康成长的需要，也是父母的神圣责任。实际上，只有身体好，才更有利于学习好，并且有长远发展的后劲。北京大学附属中学原校长康健教授以独特的方法教育儿子就是一个成功的案例。

康健教授的儿子康康生下来才2600克，从小有些柔弱，不爱运动。康健教授为其制定了"健康第一，体育为主"的家庭教育方针。从儿子会走路到初中毕业，十多年的时间里，他每天都带孩子进行至少1小时的体育锻炼，严格训练，从未间断。小学高年级甚至参加高强度的足球训练。周围许多父母都带孩子去补习班和兴趣班，拼学习成绩，发展各种特长，康健教授不为所动，他认为，孩子最需要的就是体育锻炼。后来，康康长成一米八的棒小伙子，学习和工作都很优秀，并且已经成为一名父亲。[1]

不难想象，作为名校的校长比一般人更理解学习与成绩的重要，更有条件给孩子补习功课。然而勇敢而成功的实践告诉

---

[1] 孙云晓、李文道：《好好做父亲》，北京师范大学出版社，2019年版，第13页。

我们,康健教授是一位有远见的父亲,更是一位负责任的父亲。他的远见在于,提升孩子的身体素质才是抓住了家庭教育的龙头;他的负责任体现于坚持十几年带孩子锻炼身体。

3. 坚持生活教育,提高孩子的生活技能

《家庭教育促进法》将"生活技能"作为家庭教育的核心内容之一,就是表明家庭教育主要是生活教育,父母要坚持生活教育,提高孩子的生活技能。这既是孩子健康成长的需要,自然也是父母的重要责任。

需要注意的是,生活技能不仅仅指家务劳动的技能,也包括自我管理、关爱家人、人际交往、应对危机等多方面的能力。当然,未成年人的家庭教育要坚持由近及远和由小到大的原则。所以,从家务劳动入手,教孩子学会做饭和洗衣,提高最基本的生活技能,承担起家务劳动的一份责任,是极为必要的生活教育。

据2021年6月1日央视新闻题为《戴着口罩过六一,疫情之后我们长大了》的报道,扬州市梅岭小学二年级小学生缪苇杭,在防控疫情的超长的假期里,跟爸爸学会了做30多道菜。他说:虽然不能去学校上课,但能够掌握一门技能,帮爸妈分担一些家务,我一样觉得很有意义。"故人西辞黄鹤楼,烟花三月下扬州",下一道菜我准备学热干面,让我的小伙伴也能尝一尝武汉美食,一起过一个快乐的"六一"儿童节!央视新闻还报道多位儿童提高生活技能的事例,如四川攀枝花8岁男孩起宏民,其父母在防控一线工作3个月,他寄宿在学校,不仅学会洗碗、洗衣、叠被和交朋友,还学会用深呼吸来感受父母的不易,学会用深呼吸来勇敢面对生活。

漫长的人生经历告诉我们,生活能力不仅仅让我们学会自理自立,让我们学会与人合作,更是我们获得自由幸福的基本能力。所以,父母完全应该承担起提高孩子生活技能的责任。

4. 积极创造条件,丰富孩子的文化修养

《家庭教育促进法》将"文化修养"作为家庭教育的核心要素之一,既是未成年人成长的需要,也是现代家庭建设与社会发展的需要。文化修养与家庭文化密切相关,而家庭文化是指一个家庭在日常生活实践中,家庭成员的价值观念、行为方式、互动关系及其在互动过程中形成的物质财富、家庭制度、家庭风气等方面的总和。家庭文化应该包括三个基本要素,一是价值观,二是家庭成员的行为模式,三是家庭的情感氛围。[①]

显然,作为现代社会的父母,应当积极主动地承担起提高孩子文化修养的责任。实际上,随着生活水平和受教育水平的提升,许多父母越来越重视家庭的文化建设。最为普遍的现象就是亲子共读深入人心,还有很多父母支持孩子学习琴棋书画,带孩子远足和旅行也是蔚然成风。其中,北京的李一慢家庭的家庭研学更是值得借鉴。

李一慢是一位童书研究和推广者,更是一位好父亲。他提出"千山万水960"的家庭研学目标,即争取在九年义务教育期间走遍全中国,并为之设计了60条研学旅行线路。他与妻子带着

---

① 陆士桢、王志宽:《中国社会家庭文化传承与建设分析》,《中国家庭教育蓝皮书2020》,湖南教育出版社,2021年版,第16页。

一儿一女经历了多年的家庭研学实践,他感悟到,旅行不仅仅是享受,也多了一种感受;既是阅读的考验,更是人生的体验;有时候还带有生活的磨炼,也是独立自主能力的锻炼;更难得的是,游学可以充分感受人与自然和谐共处的无尽乐趣,更为家庭多一段难忘的共同记忆。孩子正是从这个体验中,熟悉自己的周遭,认识更广阔的大自然,然后再去观察人和社会,思考自己的人生。

从读有字之书到读无字之书,从观赏大千世界到觉察内心成长,李一慢的家庭研学做出了独到的探索,他改变了家庭旅行的盲目性,摒弃了贵族化的育儿方式,让心灵与自然和历史更加贴近。功夫不负有心人,李一慢的智慧与勇气既促进了自己孩子的健康发展,也影响到越来越多家庭的借鉴。可以相信,将有更多父母承担起提升孩子文化修养的责任,并且创造出更多更好的方式方法。

5. 以持之以恒的精神,培养孩子养成良好习惯

细心的人会发现,《家庭教育促进法》有 5 处强调"尊重",而强调"习惯"有 6 处之多。这或许是说明一个深刻的道理,没有尊重就没有教育,而没有养成习惯则谈不上教育的成功。由此可见,培养孩子养成良好的习惯,是家庭教育的必修课,也是父母极为重要的责任。

许多父母可能会说,我们都想培养孩子养成好习惯,但不知道该怎么做。麻省理工学院科学家们的研究发现告诉我们,习惯的产生是由暗示、惯常行为、奖赏组成的回路决定的。[1] 通

---

[1] 孙云晓:《9 个好习惯成就孩子一生》,湖南教育出版社,2019 年版,第 6 页。

俗来说，孩子得到一个暗示或者明示，可能产生尝试的欲望，也可能发生经常尝试的行为，而是否能够获得奖赏具有决定性的意义。如果他的行为获得成功体验，他可能会坚持下去从而成为习惯；如果他的行为遭遇失败，他可能会放弃原先的行为。因此，暗示和奖赏对于孩子能否养成习惯是两个关键环节。

国际奥委会驻中国首席代表李红运动习惯的养成可以给我们一些启发。2008年，当记者采访她的时候，她说："我是从7岁开始，一路'跑'进国际奥委会的。"李红出身于天津市一个普通的知识分子家庭，身为大学教授的父亲对如何教育两个女儿自有章法。在父亲看来，长跑是锻炼健康体魄、培养坚毅品格的最佳课程。于是，日复一日，父亲骑着自行车带领两个女儿晨跑。家是起点，天津奥林匹克中心体育场（水滴）是终点，两者相距3公里，每天奔跑往返。这一跑，李红从小学坚持到了高中毕业。在最累的时候，父亲总是鼓励她坚持，使其养成从不言败的个性。1986年，李红戴着学习尖子和体育尖子两顶帽子，顺利考入清华大学。她每天都会在下午4点在操场上跑1万米。后来，她去美国亚利桑那州立大学和哈佛大学留学，依然坚持跑步，并结识同样热爱运动的瑞士老公。2003年，经过严格复杂的考察，李红被国际奥委会聘请为驻中国的首席代表。[①]

据其他媒体介绍，父亲陪李红跑步说是给女儿的7岁生日礼物，也就是一种暗示，引发女儿对健身强体的向往。当李红

---

① 孙云晓：《习惯养成有方法》，浙江文艺出版社2016年版，第205—207页。

远离父母,无论在清华大学还是在国外留学,为什么能够长年坚持跑步这个惯常行为呢?这就是习惯的力量,习惯是稳定的自动化行为。同时,我们可以看到,李红之所以坚持跑步,努力提升自己运动的水平,得益于不断获得成功的体验。

父母朋友们从这个案例中可以得到什么启示呢?一个跑步的习惯成就了李红的幸福人生!如果培养孩子养成几个终身受益的好习惯,例如阅读、运动、劳动等习惯,孩子一生的发展就有了动力和保障,并且是健康幸福前途无量。这才是家庭教育的真正成功,也是父母对孩子的真正负责。

当今一代的青少年儿童是强国一代,强国一代需要强大的父母,这是时代的呼唤,是孩子和家庭的呼唤,是民族与国家的呼唤。强大的父母不是蛮横的父母,也不是"鸡娃"的父母,而是理性的父母。广大父母在国家和全社会的支持下,自觉地承担起家庭教育的主体责任,并且努力按照《家庭教育促进法》要求去做,做到用心陪伴,为孩子做榜样,发现孩子的潜能优势,尊重孩子的权利,支持孩子走适合自己的路,不断学习成长,就是好父母,就是强大的父母!

(作者孙云晓为中国教育学会家庭教育专业委员会原常务副理事长,中国青少年研究中心家庭教育首席专家、研究员,中国家庭教育学会副会长)

第九章

《中华人民共和国家庭教育促进法》的家庭教育内容

第九章 《中华人民共和国家庭教育促进法》的家庭教育内容

2022年1月1日,《中华人民共和国家庭教育促进法》(以下简称《家庭教育促进法》)正式实施。

就在《家庭教育促进法》实施的前一段时间,武汉和常州两个未成年人在公众场合打自己母亲的短视频上了热搜,引起舆论的关注。

2020年10月12日,一位女孩因为妈妈坐错了车,在武汉地铁站台当众连踹妈妈六脚的短视频上了热搜。视频中推着两个大行李箱,肩上手上还拿着大包小包的妈妈一直在躲,而那个女孩双手插兜,对自己妈妈气定神闲地展开连环踢,连上来劝阻的路人也打。妈妈从始至终没有任何管教孩子的语言和行动。

2021年12月20日,江苏常州一个女孩因为买手机不成,撕打母亲被围观的视频再次冲上热搜。这个女孩自己打工攒下4000元,妈妈说好自己再出2000元给女儿买部手机。没想到买手机的时候妈妈临时变卦,想借助路人的评论让女孩改变主意,并希望女孩把她的4000元也交给自己。在众多围观者异样的眼光和评论中,这个妈妈执意不肯带着女孩骑车离开,继续让女儿被陌生人围观指责。最后女孩情绪崩溃,她边打母亲边喊:"你走啊你走啊,你怎么不走?!"

两个未成年人当众打母亲有违孝道,网络的评论也是一边倒地批评两位母亲养而不教和教而无方,而这刚好是目前家庭教育中最突出的两个问题。第一个视频中的女孩有恃无恐地踢母亲踢他人,无论这孩子有什么样的具体情况,我们都看不出被打妈妈的态度,起码是她从头至尾不做反应,放任孩子一系列可怕的举动，有养无教，没有承担家庭教育中父母的最基本责任。第二个被打的妈妈也是没有反应，但是她把父母应该私下给孩子做的说服和沟通工作直接变成了当众教女，用最简单粗暴的办法，借助围观人群把自己变成受委屈的一方，用近似道德羞辱的方式想逼迫孩子就范，这是典型的教而无方。当众打自己妈妈的孩子一定有问题，但是两位被打的母亲才是孩子问题的根源。第一条视频还上了央视新闻周刊，央视发表评论说：绝不是生理上当了父母，我们就是天然合格的父母。父母是需要终身学习的一个大行当，在孩子成长的过程中，父母承担的责任起码占51%，不要总是埋怨别人，先改变自己吧，否则熊孩子会越来越多的。

　　父母教育孩子的能力不可能天生具备。上面提到的两条视频，都是以百姓视角记录的普通家庭的偶发性亲子冲突，算不上什么社会极端事件。但它们能在网络上快速传播发酵，引起广泛讨论的一个重要原因，是它们情境化地再现了大多数父母家庭教育的痛点和难点。两位普通母亲的养而不教和教而无方，大概率就是她们不知道该教什么以及怎么教。2021年10月，中国青年报社会调查中心的一项调查显示，80.7%的受访家长平时在家庭教育上困惑很多，94.7%的受访家长期待《家庭教育促进法》能帮助自己缓解教育焦虑。这也是国家颁布实施《家庭教育促进法》的目的之一。本章根据《家庭教育促进法》第二章第十六条，从六个方面以六个关键词为主导，讲解家庭教育应该"教什么"。

一、家国情怀：教育未成年人爱党、爱国、爱人民、爱集体、爱社会主义，树立维护国家统一的观念，铸牢中华民族共同体意识，培养家国情怀

爱国、爱党、爱民族等教育不是大道理，也不是抽象的说教，它是生活的本分，是家和国、人和社会环境水乳交融分不开打不散的深刻情感和相互依赖。家庭教育可以把爱国主义从高尚的精神世界，从学校、社会延伸到最具体的个人生活和感受的细节中，因为这种爱和归属就像家的安全、家的温暖、家的味道一样，融化在我们的血液中，沉淀在我们的骨骼上，镌刻在我们的灵魂里。就像"00 后"戍边烈士陈祥榕曾写下的一句话："清澈的爱，只为中国"——这是一种最清澈的情感和行动！也像爱国的网友们常说的那句感恩祖国母亲的话："我们不是处在和平年代，而是生活在和平国度。"这些朴素而真挚的家国情怀一定会深深地打动每一个人，特别是我们的孩子。清澈的爱，孩子们看得见体会得到——疫情期间医务人员逆行出征的勇毅，科研人员艰苦卓绝的技术攻关，奥运比赛国歌奏响、五星红旗升起的自豪和骄傲，都是日常生活里最自然也是最真挚的教育，不仅体现出浓浓的人情味，而且提高了爱国主义和家国情怀的亲和力，让爱国不仅仅是责任，也是一种最高级的享受。

但是同时家国情怀也是大道理，是关键时刻的正确选择。它是一个人必须明白的大是大非，是关键时刻绝对要做的事情或者根本不能去做的事情。

人的爱国主义思想、觉悟、情感、意念不是与生俱来的，而是要在一定的环境中经过一定时间的培养和体验、训练和熏陶逐渐形成的。这就需要教育者树立维护国家统一的观念，铸牢中华民族共同体意识，如果家国情怀教育缺失，未成年人就不可能坚持正确的历史观、民族观、国家观、文化观，失去中华民族的归属感、认同感、尊严感、荣誉感，就会导致未成年人思想和行动出现巨大偏差，对人生大事、社会大事、国家大事的是非善恶判断就会出大问题。

家国情怀教育与情感关联度最高，而家庭教育中父母与孩子的关系就是一种情感关系。因此，家长在对孩子进行家国情怀教育的时候，是一种自然而然的、润物细无声的教育。这首先就要求家长自己要以身作则，增强国家和社会责任意识，教导孩子尊重国徽、国旗、国歌等国家象征，鼓励和支持孩子参加学校和社会组织的各种爱国活动，比如国庆等国家节日和民族文化节日的表演和游行等，让孩子体会大家的爱国热情。同时多帮孩子了解中华优秀传统文化和革命文化、社会主义先进文化，要多花一些时间利用讲故事、看电影等方式让孩子了解国家和民族的英雄人物，假期带孩子去各地的各种爱国主义教育基地参观游览和学习，从各个方面帮助孩子树立国家观念、培养家国情怀，让爱国精神和家国情怀内化为他们的人生支点，把实现个人价值同党和国家的前途、命运紧紧联系在一起。

二、立德守法：教育未成年人崇德向善、尊老爱幼、热爱家庭、勤俭节约、团结互助、诚信友爱、遵纪守法，培养其良好社会公德、家庭美德、个人品德意识和法治意识

2016年，习近平总书记在会见第一届全国文明家庭代表时发表的讲话中指出："家庭教育涉及很多方面，但最重要的是品德教育，是如何做人的教育。"人的品德决定了一个人对内的自我要求和对外的选择判断，会表现在他的言谈、举止、待人、处事各个方面。一个人有好人品做底，更容易得到他人的信任，也才能够更多地担负起属于自己的责任和使命。品德教育在家庭教育中处于核心地位，《家庭教育促进法》是一部以"立德树人"为主线的法律。

品德教育教的是人应该有善恶标准，它是调节人与人之间关系的行为规范。它告诉人对与错、善与恶、公平与否，什么是社会能接受的和不能接受的。而守法是人最低限度的道德教育，也就是每个人参与社会生活需要遵守的最基本规则。因此家庭道德教育就是要培养孩子的规则意识，不做破坏规则的事情，避祸自然养德。然后存善念做好事，积善自然成德。

当前家庭道德教育的最大问题就是一部分家长重智轻德，过分关注孩子的成绩和学业，课余时间孩子琴棋书画无所不学，单单忽视了品德教育。这导致孩子对是非、对错、善恶、美丑不分，很难懂事明理。当孩子在品德问题上犯规，甚至涉及到做人的原则时，不少家长总是下意识地想办法给孩子的越界言行找理由，以"孩子还小，长大点儿就懂事了"安慰自己，袒

护孩子的过失，不愿意对犯了错误的孩子严格管教。蔡元培先生说："若无德，则虽体魄智力发达，适足助其为恶。"家长如果不能帮助孩子立德，孩子犯了错不知悔改也不懂悔改，就容易跌破"守法"的底线，给人生埋下祸患。

西安有个妈妈教育孩子的具体做法就值得广大家长学习：

2019年，在西安西咸新区世纪大道附近一小区的高层电梯里，物业发现有人连续在电梯里尿尿，通过查监控发现是一个10岁左右的孩子所为，于是在小区业主群里调查。不久，一个妈妈特地加入此群向大家说明并道歉。她在群里这样写道："各位邻居大家好，我刚刚加入本群。我是昨天在电梯里小便的孩子的妈妈，昨晚是孩子同学的妈妈提醒我，才知道孩子的行为的。给大家带来生活的烦恼，我作为家长，首先为自己的失职给大家道歉。虽然平日口头提醒过爱护公共卫生，他没听进去，我们也监督不力。知道此事后，我们昨晚也狠狠地批评教育了他，孩子知道错了，也希望各位叔叔阿姨爷爷奶奶原谅，并决心打扫一个月电梯间，作为道歉补偿。"

随后这位妈妈还在群里发了一张孩子亲笔写的检讨书："我今天在电梯上小便，所以我要对大家说'对不起'。我做的这是一件不文明的事情，我做的这件事破坏了小区的环境，也可能让电梯坏掉，给大家带来危险。我以后要改掉这些坏习惯，不随地大小便，不随地扔垃圾，不破坏公共物品。请大家监督我并原谅我。接下来我要打扫一个月的电梯卫生，作为补偿。"

从那以后，这个孩子由父亲陪同，每天拖电梯的地擦厢壁，坚持了一个月，并且把打扫卫生的照片发到业主群。大家给勇于承认错误并改正的孩子鼓掌，也为这位懂教育爱孩子的母亲点赞，感谢她给所有父母上了一堂生动的家庭道德教育课。

一个会教孩子做人的妈妈是孩子之福、家庭之福、国家之福，因为道德品质是孩子将来最核心的竞争资本。韩国教育部前部长、教育专家文龙鳞教授在大量的研究和试验后，得出了"道德智能低下的孩子无法适应10年后的社会"的结论，他的家庭教育忠告是："学做人是成才的第一课，父母给孩子最好的礼物就是教会他们如何做人。"而教孩子做人，其实就是在帮父母，也是在帮孩子做最好的自己。厚德方能载物，以德为先载起的是个人、家庭更大的成功和幸福感，也是民族和国家更美好的明天。

三、升级发展：帮助未成年人树立正确的成才观，引导其培养广泛兴趣爱好、健康审美追求和良好学习习惯，增强科学探索精神、创新意识和能力

2021年教育行业连续发生了不少大事，比如《中华人民共和国国民经济和社会发展第十四个五年规划和2035年远景目标纲要》和《义务教育质量评价指南》的发布、"双减"政策落地、《家庭教育促进法》颁布等。国家层面的教育体制机制改革家长可能关心得不多，但是以"双减"政策为代表的一系列改革的最终目的，都是为了把社会、学校、家长从唯分数、唯升学等方向性错误中解放出来，按照现代化教育的要求全面提

升教育质量,培养德智体美劳全面发展的建设者和接班人。就是以发展素质教育为导向,让家庭教育完成自己的功能,释放孩子的学习活力,尊重、信任孩子,增强他们的科学探索精神、创新意识和能力,帮孩子自我发现、自我实现。以上系列教育文件和法规的颁布实施,意味着中国教育的风向标变了,教育正在开始系统性的变革,学校教育、社会教育、家庭教育的升级发展阶段到来了。

教育现代化对人才要求的方向变了,培养人才的观念和办法也要变,家庭教育的内容也必须全面升级。家庭教育在孩子智育方面究竟要育什么?《家庭教育促进法》第三条给了大方向上的引导。首先就是成才观要变,过去社会选拔人才依据的标准是学历,对人才评价简单化、片面化、绝对化,导致家长看的是成绩、抓的是分数、追的是学历。功利实用的狭隘成才观让家长重知识轻能力,更无法培养孩子主动学习的兴趣和独立思考的习惯,也伤害了孩子的身心健康,还把全家都困在了成绩、学历的焦虑里。现在要把看学历变成看能力,把考死知识变成看真本事,把"做题家"变成价值创造者。现代信息社会对成才的标准越来越多元,职业的边界内涵和外延将发生变化,很多职业和工作的内容将被重新定义,未来需要的是对社会发展具有高度适应性的人才,孩子需要有很强的自学能力,很多新的工作需要孩子用创造力和想象力创新出来,所以家长必须多方面拓展孩子的视野,尊重、理解孩子的独立意识,培养孩子广泛的兴趣爱好,培养健康审美追求和良好学习习惯,增强孩子的科学探索精神、创新意识和能力。家庭具备个性化培养的独特优势，家长最了解孩子的兴趣爱好和性格特点，可以有针对地为孩子营造个性化、多样化发展的氛围。在性格塑造、能力培养、发展特长等方面可以给孩子更好的空间。

"减负"减的是不必要的负担而不是教育升级发展的责任，家庭教育越来越重要，更考验家长对未成年人教育的认知和担当。

四、科学健康观：保证未成年人营养均衡、科学运动、睡眠充足、身心愉悦，引导其养成良好生活习惯和行为习惯，促进其身心健康发展

健康是最基本的人权，也是人生最宝贵的财富之一。世界卫生组织把健康定义为：健康不仅是没有疾病或不虚弱，且是身体的、精神的健康和社会适应良好的总称。所谓社会适应良好，即人要与自己所处各种环境相处和谐。未成年人的健康是其成长和发展的基础。家长是保障和促进孩子身心健康发展最重要的责任人。未成年人的健康除身体健康之外，还包括认知（学习和思维）发展、社交和情感成长以及心理健康。也就是说，一个健康的孩子，其身体和心理都要健康，自我认知良好、有活力、有好奇心和创造力、有上进心和责任感、人际关系良好。

单拿健康方面最重要的身体素质来说，家长可能觉得以现在的物质条件，一般孩子的身体素质应该不是问题。但实际的情况却是：虽然人民生活水平越来越高，但是未成年人的身体素质并没有大幅度提高。国家卫健委有关报告显示，我国儿童青少年体质连续20多年下滑，1/3的儿童青少年存在不同程度的健康隐患，重大疾病年轻化的趋势越来越明显。另外有近 1/4 的中小学生超重、肥胖，特别是近视率已高居全球第一。

近年发布的《国民视觉健康大数据报告》显示，目前小学生近视比例将近 50%，初高中近 80%。从不同年龄段来看，2020 年，我国儿童青少年总体近视率为 52.7%，其中 6 岁儿童为 14.3%，小学生为 35.6%，初中生为 71.1%，高中生超过了 80%；从近视程度来看，近视的孩子中有 10% 是高度近视，超过 1/3 的是中度近视，也就是说中高度近视的比例近 50%；同时，城乡之间有明显的差距，城市的近视率达到 56.5%，比农村高出 8 个百分点，但是，农村近两年的增长趋势比城市快。儿童青少年近视的重要发生地是家庭，首都师范大学附属小学教育集团柳明校区每个学期首尾各进行一次视力检测，结果发现不少孩子的视力在寒暑假有所下降。原因就是节假日期间大部分家长忽略了孩子的运动和用眼卫生，还有少部分家长为自己省心，竟然把电子产品当成哄娃的"电保姆"使用，完全不考虑孩子长时间使用电子产品、不锻炼给身体带来的巨大危害。

不要小看近视带来的危害，它不仅仅是给生活造成不便，对于个人来说，高度近视发展成眼疾病的概率非常大，可能导致白内障、青光眼等并发症，甚至致盲；对于国家来说，近视将使精密制造、军事、军工等领域产生巨大的人才缺口。

人最大的健康危险不是来源于污染或者化学物质，大多数医生都认同的一个结论是：健康的最大敌人是我们自己。华盛顿大学健康指标与评估研究所的报告发现，导致死亡的主要原因与不良习惯有关，包括吸烟、不良饮食和缺乏运动等。而要保证下一代的身体健康,最重要的就是培养他们健康的生活行为和习惯。

健康行为指的是人们为了增强体质和维持身心健康进行的各种活动,如充足的睡眠、均衡的营养、适度的运动等。健康行为不仅能不断增强体质,使人维持良好的身心健康和预防各种疾病,而且能帮助人们养成健康习惯。因为多发病、常见病的发生多与行为因素和心理因素有关,而且各种疾病的发生、发展最终都可找到与行为、心理因素的相关性,可见,健康行为是保证身心健康、预防疾病的关键。

通过"家庭教育中家长对孩子健康养育现状"调查发现,超过四成家庭不同程度地忽视孩子的体育锻炼。以每天运动20分钟以上为标准,儿童每周运动次数随年龄增大呈下降趋势,仅有10%~15%的儿童能够做到每日坚持锻炼;儿童使用手机的时长则随着年龄增长增加,21%的高中生使用手机时间每天长于8小时。由于部分家长对科学健康观的认知不够,自身不规律的作息和饮食习惯直接影响了孩子。

请家长一定要记住,定期的体育锻炼不仅有助于孩子的身体健康,还有助于改善他们的大脑功能,提高其注意力、学习成绩、睡眠和精力水平,改善情绪和个人能量水平。定期参加体育活动可以改善孩子的人际关系,让孩子拥有更积极的身体形象。运动可以保持身体强壮和情绪健康,减少抑郁、焦虑、疼痛和孤独的青春期症状。家长有责任在日常生活中督促孩子积极参加体育锻炼,做到每天运动至少1小时,让运动成为孩子的习惯。

好习惯救命坏习惯要命,人的健康从习惯开始,而孩子的习惯从家长开始。如果家长的习惯是健康的——例如饮食营养均衡、睡眠充足、定期锻炼、积极期待明天,孩子更有可能养成这些习惯。当务之急是家长首要培养科学的健康观,学习更多的健康知识,懂得孩子在不同阶段的健康需要,全家人一起养成健康的生活习惯和行为习惯。

五、安全与心理:关注未成年人心理健康,教导其珍爱生命,对其进行交通出行、健康上网和防欺凌、防溺水、防诈骗、防拐卖、防性侵等方面的安全知识教育,帮助其掌握安全知识和技能,增强其自我保护的意识和能力

打拐电影《亲爱的》中韩德忠的人物原型是湖北的"深飘"孙海洋。2007年10月,他4岁的儿子被人贩子用玩具车和零食诱拐。他变卖老家的房子悬赏20万走遍全国寻子,14年毫无收获,但他没有不放弃。在寻找儿子的过程中,孙海洋也成为一名帮助走失儿童回家的志愿者。《亲爱的》上映后,越来越多的人了解了他的遭遇,主动和他联系,向他提供疑似被拐和走失儿童的线索。不到一年时间,他搜集了3000多个丢失孩子的名单,尽管找回来的孩子依然是少数,但他始终在努力。2021年12月,14年噩梦终结,在公安部门的帮助下,孙海洋夫妇终于和亲生儿子孙卓团聚。18岁的孙卓叫了声爸爸,孙海洋夫妇抱着儿子号啕大哭。

不是所有的寻子故事都有这样让人欣慰的结局。孙家的团聚只是给更多还在路上的寻子家庭一个希望,也警醒所有的父母,无论是交通出行还是健康上网,防欺凌、防溺水、防诈骗、防拐卖、防性侵都是家长需要持续关注的问题。同时,每天生活中的磕碰撞、烧烫伤、跌落触电、厨房用品的安全都要留心和防范。孩子的安全问题是家庭难以承受之重,父母需要采取一切可能的措施保护好孩子。具体说来一是要不断学习培养家长和孩子的安全意识,二是要让孩子掌握自我保护的基本常识,提高应对危险能力,用安全教育给孩子筑起第一道安全防线。

老话儿讲"养儿一百岁,长忧九十九",说的就是父母对孩子无尽的牵挂和操劳。在一般情况下,孩子幼儿期发生安全问题大多和看护者有关,而学龄儿童事故比较多的和教育因素或环境因素有关,青春期的主要问题大多出现在情绪和心理健康方面。据《中国国民心理健康发展报告(2019~2020)》,2020年中国青少年的抑郁检出率为24.6%,其中轻度抑郁检出率为17.2%,重度抑郁检出率为7.4%。

随着学生年级的升高,抑郁和重度抑郁检出率呈上升趋势。小学阶段重度抑郁的检出率为1.9%~3.3%,初中阶段重度抑郁检出率为7.6%~8.6%,高中阶段重度抑郁检出率为10.9%~12.5%。也就是说每10个高中生里,就有一人已经到了重度抑郁!

情绪和心理问题会影响人们思考、感受和行动的方式。有情绪或者心理问题的青少年更容易出现自残自杀等倾向。

世卫组织数据显示,全球15~29岁的年轻人,死因排第二位的就是自杀,仅次于道路伤害。根据《中国卫生和计划生育统计年鉴》的数据,自杀在未成年人10岁之前还比较少,但在此后就迅速上升。10~25岁之间的青少年非疾病死因里,自杀可以排到前三,另外两个分别是交通事故和溺死。北京大学医疗脑健康儿童发展中心发布的数据显示,我国每年有约10万青少年死于自杀,平均每分钟就有2人自杀死亡,8人自杀未遂。首都师范大学副教授李文道表示,自杀现象只是儿童、青少年心理健康问题的冰山一角,在自杀现象的背后是发生率更高的各种心理疾病。中国青少年研究中心和共青团中央国际联络部发布的《中国青年发展报告》显示,我国17岁以下儿童、青少年中,约3000万人受到各种情绪障碍和行为问题的困扰。世界卫生组织预测,到2030年,全球儿童、青少年心理障碍还会增长50%,将成为致病、致残、致死的主要原因之一。

  社会的急速发展变化产生的压力和未来生存发展的压力,通过家庭、学校、社会最终转移到了孩子身上。很多时候好的学习成绩成了孩子获得父母赞赏和爱的唯一条件,而且随着年龄增长孩子玩的时间越来越少,释放压力和转移注意力的活动也越来越少。青春期的到来又让孩子和家长沟通的话题越来越少。再加上父母的不理解和忽视,时间一长,外界风吹草动的任何刺激都可能使他们崩溃甚至轻生。

  珍惜生命源于对生活的留恋和热爱,家是孩子最初也是最后的避风港。家长需要不断地学习以加强自己爱的能力,看见孩子的需要、看见孩子精神上的压力、看见孩子无声的挣扎和求助,看见就是理解,看见就会有办法,孩子们就不会完全失去勇气和信心。

六、撸起袖子：帮助未成年人树立正确的劳动观念，参加力所能及的劳动，提高生活自理能力和独立生活能力，养成吃苦耐劳的优秀品格和热爱劳动的良好习惯

2020 年 3 月，《中共中央国务院关于全面加强新时代大中小学劳动教育的意见》发布，提出"大中小学都要开始设立劳动教育必修课"。这让"劳动"在学校教育中成为热词。但是在家庭教育这边，"劳动"一词却仍然比较凉，即使是让孩子撸起袖子干点儿家务活，不少的家长都不太接受，劳动一直也不是家长群里讨论的主要话题。面对需要孩子动手实践、出力流汗的劳动，政府和家长之间的一热一凉到底说明了什么问题？我们也许可以从孩子们那里得到一些答案。

春节期间家族聚餐，听见几个上初中的孩子在一起说笑："我干啥爸妈都觉得是在浪费时间，只要我一学习，他们立马就不焦虑了。""我妈也是，看见我学习就高兴，要不就总想让我帮着干个这拿个啥的。""嗯，他们想要我干什么，只要我不想干就说我要写作业，他们马上就说那你不管了，快学习吧。"这些对话反映了家长在劳动教育方面的两难境地和矛盾心态。说起来家长都希望提高孩子的自理能力和独立生活能力，也希望孩子越来越懂事能够承担一些家庭责任，干一些力所能及的家务活。但是，如果真的要求家长们像学校那样，定期给适龄孩子安排适当的家务劳动，大多数家长马上会有各种质疑："现在孩子学习负担那么重，哪有时间做家务？""那点儿杂事让娃干他们干不好还更费时间，还不如我干了。""孩子学习那

么累，当妈的能给孩子省一分力就是一分。"

家长的质疑与孩子的学业负担重有关，与家长对劳动的理解和态度更有着直接的关系，说白了就是觉得孩子做家务"不值得"。家长都希望自己的孩子有鸿鹄之志，应该用宝贵的时间赶紧想大事，做最有效益的工作。而劳动，特别是家务劳动，展示机械重复费力费时却不会有价值的产出。这是家务劳动一直被淡化，甚至被瞧不起的一个重要原因。因此不少家长把家务劳动定为"杂事""小事"，他们愿意替代孩子完成这些"苟且"，让孩子心无旁骛地追求"诗和远方"。这是对劳动价值和意义的错误认识，本质上也是急功近利的表现。

国家现在之所以把"劳动"写进教育方针，要家庭教育帮助未成年人树立正确的劳动观念，是因为劳动在现代化信息化社会已经成为急需培养的实践智慧。因为通过书本学习知识了解世界，和通过劳动感知世界掌握知识是不一样的学习过程。实干动手需要集合多感官体验，包括视觉、触觉、嗅觉、听觉，甚至味觉。这种多感官的参与已被科学证明可以帮助孩子更有效地学习和记忆。更重要的是，从知道到做到，是对孩子习惯和性格的综合塑造，也是对心性和意志的系统磨练。知道掌握的是死知识，做起来才是突破自己认知的第一步，才是了解自己、学习知识、解决问题的开始。就像减肥一样，减肥的知识很简单就是管住嘴、迈开腿，但大多数人道理一学就会，做起来一减就废。从知道到做到，可能是一辈子的距离。

哈佛大学一项长达20多年的跟踪研究表明：爱干家务的孩

子和不爱干家务的孩子，成年之后的就业率是 15 ∶ 1，犯罪率是 1 ∶ 10。另外根据明尼苏达大学教授马蒂·罗斯曼的研究，从小就让孩子做家务有助于建立孩子持久的掌控感、责任感和自力更生的感觉。罗斯曼教授分析了一项纵向研究的数据，该研究跟踪了学龄前、10 岁左右、15 岁左右、25 岁左右 4 个阶段 84 名儿童的成长过程，发现相比起其他年龄段开始做家务的孩子，3 岁和 4 岁就开始做家务的年轻人更有可能与家人和朋友建立良好的关系，在学业和早期职业生涯中取得成功，实现自给自足。孩子越晚做家务越更有可能以自我为中心，并且也很难发现做家务帮助整个家庭对自己更大利益的价值。国外的研究发现，劳动的过程可以锻炼延迟满足，让孩子学会人际协作，让孩子设想目标时更脚踏实地、吃苦耐劳，也更能负起责任，这样的孩子自然享有更高的自尊和成就感。

有个成语叫作积微成著，我们都希望孩子长大以后自立自强，而每个人的自立自强都是从自理开始的，自理是一个人从学会照顾自己开始，慢慢学会照顾一个家庭、一个集体。希望家长完善自己对劳动的认知，在家里给孩子定期安排一些力所能及的家务劳动，让孩子从小学着挽起袖子干起来。

（作者汪凌为中国教育学会家庭教育专业委员会副理事长）

第十章

《中华人民共和国家庭教育促进法》的家庭教育方式方法

第十章 《中华人民共和国家庭教育促进法》的家庭教育方式方法

《中华人民共和国家庭教育促进法》（以下简称《家庭教育促进法》）涉及千家万户，前所未有地将家庭私事放在国家大事的格局中，其中第十七条明确指出，未成年人的父母或者其他监护人实施家庭教育，应当关注未成年人的生理、心理、智力发展状况，尊重其参与相关家庭事务和发表意见的权利，合理运用九种教育方式方法。

《家庭教育促进法》倡导父母要学会九种家庭教育方式方法，分别是：1.亲自养育，加强亲子陪伴；2.共同参与，发挥父母双方的作用；3.相机而教，寓教于日常生活之中；4.潜移默化，言传与身教相结合；5.严慈相济，关心爱护与严格要求并重；6.尊重差异，根据年龄和个性特点进行科学引导；7.平等交流，予以尊重、理解和鼓励；8.相互促进，父母与子女共同成长；9.其他有益于未成年人全面发展、健康成长的方式方法。

这些方式方法聚焦家庭教育的不同侧面，分为五个层次。其中，前两种的"亲自养育""共同参与"，强调家庭教育的功能重点在于"养"，而且父母双方的作用缺一不可，这是家庭教育发挥作用的基础；3~4的"相机而教""潜移默化"，强调家庭教育的生活特点和父母的榜样力量；5~6的"严慈相济""尊重差异"，强调家庭教育的分寸和有的放矢的个性化特征；7~8的"平等交流""相互促进"，针对家庭教育的时代性，强调今天的孩子尤其需要得到父母的尊重、理解和鼓励，在很多方面可以亲子互学、共同成长；最后的"其他方式"，充分尊重父母的主观能动性和不同家庭的差异性特征，鼓励父

中华人民共和国家庭教育促进法解读

母寻找适合自己孩子的、有益于未成年人全面发展和健康成长的独特方法，探索自己家的家庭教育之道。

一、亲自养育，加强亲子陪伴

养育，是家庭教育区别于学校教育和社会教育的特点，是孩子身心健康的起点。俗话说人结婚以后要"生儿育女"，就简明扼要地阐明了家庭的基础功能是"生养儿女"而非"教育儿女"。成才的前提是成人，教育的前提是养育。一餐一饭的亲自养育和用心用情的亲子陪伴，是父母教育孩子的"本钱"，与孩子建立起良好的情感联结，父母才能在陪伴中教育、引导孩子。

值得注意的是，加强亲子陪伴，指的是孩子要有稳定的养育者，父母要与孩子建立起情感和精神的联结，而不是说父母一定要与孩子朝夕相处。现实生活中，许多无法陪伴孩子某个成长阶段的军人、警察或者进城务工人员，也能培养出全面发展的孩子。有些父母用电子产品陪伴孩子，人在心不在，反而是值得警惕的错误的陪伴。

近年来，人们常常提到一句话叫作"不让孩子输在起跑线上"，有些人认为就是这句话让中国的家长失去了理智，让中国的孩子失去了快乐的童年。其实，起跑线的真实含义几乎一直都在被误解：对一个孩子而言，父母的陪伴就是起跑线；对一个国家而言，早期教育就是起跑线。

当你观察火车车厢里带着孩子旅行的年轻家长，看到有的家长在耐心地给孩子讲故事、陪孩子说话，而有的家长则扔一个手机给孩子、自己也全程盯着屏幕消磨时间时，你会相信人生真的有不同的起跑线。

世纪之初，时任教育部副部长的韦钰院士提出必须重视早期教育。作为生物电子学专家，她认为："神经教育学、脑科学和认知神经科学等研究发现，0~3岁是儿童发展的关键期，但儿童发展不等于儿童教育，不等于幼儿园教育，更不等于提前教小学的课程，而是由父母用爱和陪伴来完成的。"

也就是说，一个人的心智健康很大程度上取决于0~3岁的早期发展，但韦钰发现，家长通常关心的只是幼儿成长所需要的物质保障，却不知道婴儿一出生就进入了脑建构、感知建构和情感建构的关键期，绝不只需要物质上的保障和支持，更需要享受快乐、爱抚、建立人与人之间社会联系和进行学习的良好社会氛围，以支持脑部的发育，为一生的精神健康打下基础。

韦钰提醒父母绝对不要忽视自己作为教养者的不可替代性，要尽可能亲自教养孩子，要认识到婴幼儿是通过与教养者的互动去习得语言、发展各种感觉、进行科学和社会认知的。并且，孩子对教养者的依恋感情，是人一生中拥有的两个最强烈的感情之一，会影响孩子一生对你的感情。即使父母因工作或疾病等原因不能亲自教养孩子，也要尽可能抽出时间陪伴孩子，或及时给直接教养者以有效的指导。不要把孩子交给不爱他的人，交给没有经过专门培训的人，更不要让孩子孤独自处，或交给电视、平板电脑等电子设备来陪伴。

尤其值得注意的是，把3岁以内的孩子交给电视、平板电脑等电子设备来陪伴，其伤害和吸二手烟的影响类似。据《父母必读》杂志 2019 年所做的"新生代父母调查"显示，即使拥有很多玩具和图书，孩子最喜欢的仍然是"跟人玩儿"。

与脑科学家的观点互为呼应的是，犯罪心理学家李玫瑾教授提出了心理抚养的主张，她认为人的心理问题与早年的养育息息相关，"人的问题源于早年的养育""抚养方式影响孩子亲社会行为发展""暴脾气者多在生命初期被亏待过""性格培养不仅影响孩子一生的生活能力，还会影响父母晚年的生活""成年后的心理困扰源于心理抚养的匮乏""性格决定命运，心理抚养决定性格"。

然而，中国教育学会家庭教育专业委员会的一项有关家庭教养中的祖辈参与问题调查结果显示，近八成城市家庭和九成以上农村家庭是祖辈参与教养的，其中幼儿园前为 77.7%，幼儿园期间是 72.9%，到小学阶段仍占 60.1%。应该承认，祖辈参与养育有经验丰富、时间充裕、情感亲近等优势，但也有观念相对落后、方法相对陈旧、边界难以把握等缺点。《家庭教育促进法》提醒家长，即使祖辈养育是"刚需"，父母作为儿童成长的首要责任人，也要认识到陪伴孩子是不容忽视的"铁律"。

当然，温暖的亲子陪伴需要有足够的时间和空间，让一家人身心安宁放松地相处。家长即使再忙，也可以利用碎片化时间来创建高质量的陪伴，摒弃手机和电视的干扰，和孩子一起游戏，倾听孩子的心里话……只要能安安心心地好好陪着孩子，哪怕一天只有半个小时也是好的。

二、共同参与,发挥父母双方的作用

孩子是父母爱的结晶,生命的诞生有赖于父母双方的共同参与,缺一不可,孩子的健康成长也需要发挥父母双方的作用。造物主赋予父母双方不同的教育优势,对孩子而言,母亲的怀抱象征着食物和温暖,像大地一般提供让孩子身心安宁的情感支持和安全感,父亲则像房顶、围墙和栏杆,起着遮盖、保护和管教的作用。尽管孩子在不同年龄段对母爱父爱的需求各有侧重,但最好的家庭教育模式一定是父母同心合一、互相补充。

父母共同参与家庭教育,涉及家庭教育资源的统筹整合及合理分工,不能简单理解为夫妻双方一半一半的时间投入。良好的家庭生态环境,用一幅画来打比方的话,不是"爸爸妈妈牵着孩子的手、家庭以孩子为中心",而是"妈妈拥抱着孩子、爸爸拥抱妈妈",夫妻和睦相爱才是家庭的轴心关系。

近年来,《爸爸去哪儿》持续热播,《摔跤吧爸爸》票房超高,均显示出公众呼唤"父爱回归"的共识。2017年6月16日,上海市教育科学研究院家庭教育研究与指导中心在"发现父亲"论坛公布《小学生父亲参与的问题与对策》的调查结果显示:父亲更多担任"供养者"而非"养育者"的角色,父亲更愿意给孩子制订各种规则,当孩子犯错时实施管教和惩戒,在情感交流方面大多数父亲还是习惯与子女保持一定距离。

论坛向全国的父亲发出倡议:"请关爱伴侣,给孩子一个充满爱与善良的原生家庭;请亲近孩子,放下父亲的深沉,每天与孩子共享一段亲子时光;请关心孩子,了解孩子的生理与心理成长;请教育孩子,让孩子明白为人处世的原则。"

众所周知,被网友吐槽为"妈妈生、姥姥养、爸爸抽空来欣赏"的"丧偶式育儿"现象,一方面原因是父亲为了养家过多投入工作,造成陪伴孩子的时间不足,与孩子情感疏远,另一方面,是很多父亲没有意识到自己是孩子成长的"关键人",对父亲教育的独特优势和重要价值认识不足,没有把自己当成家庭教养的"局内人",甚至沦为孩子头脑中知道但心里感受不到父爱的"影子父亲",沦为只为孩子增加金钱储蓄而情感账户每每透支的"存折上的父亲"。

养育儿女需要夫妻双方的团队协作,首先在价值观上要达成共识,要意识到孩子是家庭的"过客",终究要离开父母独立生活。健康的家庭秩序是夫妻关系高于亲子关系,夫妻双方要从心理上离开各自的原生家庭,也不陷入"为了孩子活着"的误区。其次要互相补位,保持教育的一致性,父亲别缺位、母亲别越位、父母别错位。因此,做父母也要具有反思觉醒、自我完善、不断成长的职业精神,具备目标感强、学习能力强、善于团队合作、会沟通、有界限等基本的职业素养。

如何调动父亲参与家庭教育的积极性呢?有调查显示,有些年轻父亲表示"不是我们不接手,是妈妈们不放手"。看来,"妈妈退一步,爸爸才能进一步",如果孩子和母亲的关系特别紧密,爸爸就容易被边缘化。智慧的母亲要主动撤出、适当放手,给爸爸制造陪伴孩子的机会。

父母协作如此重要,单亲家庭怎么办?离婚对孩子的负面影响是显而易见的,大约50%的未成年人犯罪案件出自离异家庭，但离婚意味着家庭结构解体，并不意味着家庭功能完全丧失，对孩子的成长伤害更大的是"形式完整却关系冰冷的家庭"，生活中也常见单亲家庭的孩子具有更强的自立意识和责任感，更自信、思想开放、协调能力强、看待事物更加理性。重要的是，单亲家庭要重建家庭功能，为孩子提供稳定温暖的家庭环境和丰富美好的家庭生活。

三、相机而教，寓教于日常生活之中

家庭教育是蕴含在生活中的教育，正如教育家陶行知先生所言："是好生活就是好教育，是坏生活就是坏教育；是认真的生活就是认真的教育，是马虎的生活就是马虎的教育；是合理的生活就是合理的教育，是不合理的生活就是不合理的教育；是康健的生活就是康健的教育，是不康健的生活就是不康健的教育……"家庭生活中，方方面面都有教育的资源，每时每刻都是教育的契机。

因此，家庭教育就是在日常生活中教育孩子，父母要意识到家庭教育的特点是"父母不教而教、孩子不学而学"。从衣食住行到活动、游戏，发生在日常生活中所有场景都是孩子的学习环境，父母的一言一行都是孩子模仿的榜样。比如：

父母是否看重书本知识学习忽略生活常识学习？比较舍得为孩子花钱，还是舍得花时间陪伴孩子？教育孩子这件事更多指望学校和老师，还是经常反省、提高自己？……每一个选择都折射出父母的儿童观、教育观和人才观。也就是说，父母所说的每一句话、所做的每一件事，都是在按照自己心中的目标塑造孩子的未来，为孩子的核心竞争力赋能。

现实中，很多父母过度关注孩子的学习，陪伴孩子的时间用在陪孩子写作业，跟孩子聊天三句就能拐到学习上，亲子矛盾也常常因学习成绩而起。据北师大发布的《全国家庭教育状况调查报告（2018）》显示，一半以上的父母希望孩子考到班级前10名。"双减"政策之前，很多父母晚上基本没有自己的生活，忙着陪孩子写作业，周末则带着孩子奔波在各个培训班之间，两代人都身心疲惫。

其实，一个人的成就最终取决于他的休闲时间是怎么度过的，就像胡适先生赠给北大毕业生的是"问题丹""兴趣散"和"信心汤"。家庭不应该成为孩子的第二课堂，家长不应该成为第二个老师，而要给孩子提供有质量、有品位的家庭活动，相机而教，随事而教，在活动中发现孩子的兴趣、爱好，培养孩子的生活品质和价值观。

家庭生活充满学习压力会有什么危害？据中国青少年研究中心的"中国少年儿童发展状况研究"调查显示：多数"00后"中小学生成了睡眠不足、运动不足、阅读不足的"三少学生"。睡眠不足和运动不足显然会影响孩子的身体发育，阅读不足势必影响孩子的学习能力。另一方面，中国青少年研究中心与北京大学互联网发展研究中心等机构联合发布的首个"中国少年儿童快乐成长指数"显示，少年儿童认为最幸福的三件事是有知心朋友、有温暖的家、健康，最快乐的三件事是考了好成绩、和朋友玩、被长辈表扬。超过三成少年儿童认为学习负担重，逾三成少年儿童经常存在孤独、忧郁、注意力不集中、焦躁、睡不着等不良情绪或感受。

谁都希望孩子成为德智体全面发展的阳光少年，但我觉得日本社会学家三浦展提出的"三好学生"标准更接近生活，接近我们将来对儿子要娶回家的儿媳、女儿可以嫁的女婿的要求。

2007年，三浦展对日本1443位家有小学二年级至六年级孩子的母亲做了问卷调查后，出版了调查报告式著作《阶层是会遗传的》，指出"如果孩子在家庭生活中没有成为'三好学生'（身体好、性格好、生活习惯好），就很可能成为学校的'差生'……无论教师与校长多么能干，也很难改变孩子'差生'的命运。""父母的生活习惯影响孩子的学习成绩""父母能做的就是改善孩子的生活习惯"。

作为社会学家，三浦展观察到一些很有意思的规律——妈妈晚上愿意为孩子做饭的，孩子的学习成绩好；父亲的知识面与孩子的成绩有关，夫妻感情好坏也与孩子的学习成绩成正比；父母的生活不规律，很难一家人一起享受晚餐和交流的乐趣，这种家庭孩子的成绩比较差，而且父母、孩子都偏肥胖；成绩好的孩子，母亲比较有条理又有趣，有计划且动作利落；父亲越认真，越有条理，越有礼貌，孩子成绩就越好……于是，三浦展提出了一个"下层化"的概念，其特征是收入、学习意愿、工作意愿与生活意愿都比较低，对整个的人生目标无法产生积极的态度。显然，孩子是父母"下层化"的受害者。

身体好、性格好、生活习惯好，看似很简单，其实不容易。把孩子养得"身体好、性格好、生活习惯好"，既是每位父母的初心,也相当于给孩子存储了丰厚的家庭文化资本,堪称家庭教育的"吉祥三宝"。

生活习惯好的一个重要指标,是孩子具有劳动意识和劳动能力,最自然的培养途径就是干家务。其实,爱劳动是孩子的天性,懒与笨是后天养成的。如果家长从小就事事替孩子包办,相当于剥夺了孩子最基本的劳动权利,久而久之,依赖家长、懒得自己动手做事就会成为孩子的习惯,到了青春期之后,想培养也很难了。

家务劳动对孩子的手眼协调、统筹能力和责任意识的好处是显而易见的,这些能力也会迁移到孩子的学习上。哈佛大学的一些社会学家、行为学家和儿童教育专家,曾对波士顿地区456名少年儿童进行了长达20年的跟踪调查,发现不爱干家务的孩子与爱干家务的孩子相比,长大后的失业率高15倍,犯罪率高10倍,反之,爱干家务的孩子平均收入要高出20%左右,离异率、心理疾病患病率也较低。专家们分析说,让孩子从小做些家务,可培养他们吃苦耐劳、珍惜劳动成果、珍重家庭亲情、尊重他人等品质,他们长大以后,自然比那些"四体不勤"的孩子更有出息。

在生活节奏紧张、外卖一点就来的今天,还有一个影响孩子成为"三好生"的因素,是有些家长不重视给孩子好好做饭。厨房犹如家庭的心脏,餐桌时光是最轻松自然的家庭教育课堂。中国教育科学研究院曾经做过全国小学生的家庭教育状况调查,关于"哪些家庭的孩子学习好",其中一个指标就是"父母每周能跟孩子一起吃三顿以上晚餐的家庭"。

丰富的家庭生活还包括和自然的接触。领孩子到自然中去，在轻松的玩耍中感知自然，就像营养和睡眠一样必需。要培养孩子的观察力、想象力、创造性以及专注的持久性，大自然是最好的课堂，玩耍是最简单、最天然、最便捷的方式，还能在孩子心中埋下敬畏自然、尊重生命的种子。

充分地观察和全身心地感知自然，能激发孩子的创造力。而没有在自然中玩耍、学习、探索、体验的经历，孩子会患上"自然缺失症"，感觉和知觉都会受到影响，容易缺乏耐心和注意力，容易变得孤独、焦躁、易怒，容易变得肥胖、多动和抑郁。

四、潜移默化，言传与身教相结合

潜移默化，最早出自于北齐·颜之推《颜氏家训·慕贤》，指人的思想或品性受到环境或别人的影响、感化，不知不觉地起了变化。

"潜"意味着暗中、"默"意味着悄无声息，形象地表达了父母对孩子的教化是言传与身教的结合。言传很重要，生活的习惯、做人的道理都要给孩子讲清楚，有的还体现为代表家族文化和价值观的家训，如"夫君子之行，静以修身，俭以养德。非淡泊无以明志，非宁静无以致远"（诸葛亮《诫子书》）、"余教儿女辈惟以勤俭谦三字为主"《曾国藩家书》、"利在一身勿谋也，利在天下者必谋之"《钱氏家训》等。但对孩子而言，父母的身教比言传更有影响力，父母若言行一致，孩子就敬佩并且甘心乐意地模仿父母；父母若说一套做一套，孩子就会口服心不服,甚至也慢慢变成心口不一的"双标"人。

中国人自古就重视父母的言传身教,曾子杀猪的故事家喻户晓。儿童是研究父母的专家,孩子是看着父母而不是听着父母长大的,因此面对再小的孩子,父母也应该言而有信,身教重于言教。

新冠肺炎疫情以来,特别是2020年全国多地幼儿园和中小学生被迫居家学习,度过一个超长版宅家时光。由于空间狭小有限,生活单调节奏混乱,许多家庭原来就存在的亲子沟通、自理能力、健康意识等诸多问题,被集中而激烈地爆发出来,让很多父母发现自己不会高质量地陪伴孩子,天天在一起也让父母的毛病暴露无遗,在孩子心中的形象一落千丈。

更严重的是,有的父母严于律人、宽于律己,成为被孩子吐槽的"双标狗"。比如不让孩子玩游戏,自己却忙着在手机上"斗地主";孩子看动画片要限时,自己追剧熬夜入迷到连地震都停不下来……言传与身教的背道而驰,孩子口服心不服,父母在孩子面前失去威信。长此以往,孩子要么被迫顺从却积累委屈、压抑、愤怒等负面情绪,到了青春期能量足够时就逆反强烈;要么模仿父母,也成为说一套、做一套的人,将来进入社会、进入婚姻也难免失信于人,社会化功能受到损害。

脑科学研究证明,模仿是大脑最节能的学习方式。养在鸭群中的鸡会游泳,和火烈鸟一起生活久了,鸭子休息的时候也会缩起一条小短腿……家长不妨上网搜一则60秒的公益广告《孩子在模仿》,看着孩子抽烟、骂人、发脾气、乱扔垃圾的动作和表情与父母一模一样,很难不被震撼。

如果你去过天津的梁启超纪念馆，一定会对梁家九个子女均学有所成且品德高尚的"满门俊秀"印象深刻。作为中国近代史上著名的思想家和政治家，梁启超正是用自己的言传身教和优良家风，培养了长子梁思成，中国现代建筑学的奠基人之一；次子梁思永，中国现代考古学的主要奠基人之一；三子梁思忠，毕业于美国西点军校，后任国民革命军十九路军炮兵校官，因病早亡；四子梁思达，经济学家和工商管理学家，在银行和工商管理部门任职；长女梁思顺，诗词研究专家，在文学、音乐等方面有很高的造诣；次女梁思庄，著名图书馆学家，是中国现代图书馆学的重要奠基人之一；三女梁思懿，著名社会活动家，全国政协委员；四女梁思宁，是一位参加过新四军的老革命。梁家被誉为"中国最精英的家庭"，九个儿女个个是国家栋梁。

父母的言传身教也体现在和睦的夫妻关系中。常言道"养不教父之过"，生活中操心多、付出多的是母亲，智慧的母亲要在孩子面前树立父亲的威信，让父亲成为家庭的头，担当孩子的"教育董事会"的董事长。尤其在孩子青春期之前，母亲最重要的任务是"抬举丈夫"，即使父亲不能常常陪伴孩子，也要尽力促成孩子与父亲之间的精神联结，尊重父亲的管教权力，让父亲能充分发挥教育优势。

孩子的沟通方式、社会情绪能力和人际交往方式也往往受父母影响，这些直接影响到孩子的学业发展。社会学家三浦展发现"沟通能力强的人，比较容易找到工作，比较容易获得高收入，也更容易拥有美好的婚姻"，华东师大崔允漷教授曾追踪调查1765名学习困难学生，发现87%学习困难学生不是智商或学习能力缺失而是存在心理问题，比如厌学、考试焦虑、恐惧、忧郁、青春期烦恼等。

亲子沟通中，最忌讳用"咆哮"的方式来批评责备孩子。孩子年龄越小，对父母的情绪越敏感。尤其是在看书、写作业的脑力活动中，需要平和的情绪，父母越嚷嚷，孩子越没法安静地思考和记忆，会做的题也做不出来了。其实，当孩子写作业遇到难题的时候，父母应该做的是安慰和鼓励，对孩子说"别着急""再想想"，让孩子把注意力集中在回忆课堂上老师教的内容，而不是消耗在应对父母的情绪上。

遗憾的是，有些父母对待孩子简单粗暴，"傻瓜、没用""你简直是个废物""住嘴！你怎么就是不听话呢""我说不行就不行""你可真行，这种事都做得出来"，这些话在孩子的心中刻印下伤痕，给孩子的人生留下诸多缺憾。

父母请记住语言是有能量的，要么是赋能和祝福，要么是诅咒和摧毁。每个孩子内心深处都渴望被看见、被认可、被尊重，满足这种精神需求也许并不难，比如做到心理学家建议的5个"每天至少一次"：一次完全没有手机干扰的对话；和孩子一起疯狂傻笑；一次拥抱、亲吻等身体接触；放下"教"孩子的念头跟随孩子玩；看着孩子的眼睛说"我爱你，我喜欢和你在一起"。

言传与身教相结合，意味着父母要求孩子做到的，自己就要率先垂范，这对父母是个不小的挑战。希望父母能不断学习、常常反省，做好孩子成长的榜样。

五、严慈相济，关心爱护与严格要求并重

家庭教育应该严格还是慈爱？有人信奉"棍棒底下出孝子"，有人相信"孩子需要鼓励，犹如植物需要水"，哪个观念更有益于孩子的成长？如何避免严而不慈？如何做到爱而有度？这可能是所有父母都困惑的问题。

严慈相济，关心爱护与严格要求并重，不仅能养出身心健康的孩子，也会体现在父母最关心的学习成绩上。据中国教育科学研究院对4省市2万名家长和2万名小学生进行的家庭教育状态调查结果显示，成绩优秀的小学生家庭有这些共同点：多采用协商、民主的亲子互动模式，闲暇时父母经常读书看报，孩子会做家务，爸爸经常和孩子做事（玩智力游戏、打闹玩耍、一起运动、一起聊天谈心、一起尝试新事物、一起修理东西、共同保守一个秘密），"几乎每天"或者"每周2~3次"全家人共进晚餐。正如哈佛大学心理学家梅奥教授的"人际关系理论"所指出的，民主的氛围、融洽的关系比物质环境、物质刺激更有意义。

可惜很多家长还停留在"只会爱"的层面，要么凡事满足溺爱孩子，要么缺乏理性严苛管教。一项由中国预防青少年犯罪研究会主持的"全国未成年犯抽样调查"结果显示：父母对孩子过于严管，是很多孩子步入歧途的最重要原因。少年犯中相当多的父母管教很严，眼睛整天盯着孩子身上的问题，指责孩子的不是，甚至达到限制孩子自由的程度，其结果是管得了孩子的事却管不了孩子的心，长期的限制和压抑反而让孩子走向了极端，"严管反而出逆子"。

有个未成年犯回忆说:"母亲气头上什么难听的话都说,经常唠叨我'不学好''早晚得进监狱'。""不学好""进监狱"肯定不是母亲的本意,但这种诅咒式的"严管"对孩子是莫大的伤害,强化了孩子的问题,加剧了孩子的不良心理和行为,使孩子放弃自己甚至破罐破摔到触犯法律的地步。

调查结果还显示,有高达42.3%的未成年犯表示"恨过自己的父母",原因由高到低依次是:"不理解我""不关心我的心理感受""不让我做自己想做的事情""经常打骂我""强迫我做不愿意做的事情""生活上不管不问我""父母总闹矛盾影响我""我有困难不帮我""溺爱我";对照普通中学生恨父母的比例也有24.7%,排在前三位的原因与未成年犯相同。

一百多年前,鲁迅先生就在《我们怎样做父亲》中指出:教育孩子,首先要理解,"倘不先行理解,一味蛮做,便大碍于孩子的发达";其次要指导,绝不能用前人的"同一模型,无理嵌定,长者必须是指导者、协商者,却不该是命令者";最后是解放,交给他们自主的能力,使他们"成为一个独立的人"。鲁迅先生提出的理解、指导、解放,正是《家庭教育促进法》提出的严慈相济,关心爱护与严格要求并重,为孩子创造宽松而温馨的家庭环境。

严慈相济的教育风格需要父母关注孩子的身心安宁,孩子如果经常听别人否定自己、骂自己,或者对自己脸色不好,心理、生理都会产生"微创伤"反应,越是身心不舒服,越是拒绝听父母讲道理的。

在《幸福家庭10块基石》一书中,美国作家伯恩斯介绍了与"羞愧式教育法"相反的"AWE教育法",即"肯定（Affirmation）、温暖（Warmth）、鼓励（Encouragement）"。如果说"羞愧式教育法"是一味地从孩子的"情感账户"上提款,常常导致入不敷出,"AWE教育法"则强调要尽可能多地往孩子的"情感账户"里存款,让孩子即使在被管教的时候也感到处在父母的关爱和无条件的接纳中。

"羞愧式教育法"是行为导向,以父母个人的认可为中心,使用的语言和行为会让孩子认为父母已经不爱他了,他是毫无价值的。而"AWE教育法"坚信"每个孩子都需要一个无条件支持他的人",时时生活在肯定、温暖和鼓励中的孩子感到自己是被重视、被欣赏的,知道自己被父母相信、珍视和深爱,他们今后离家独立生活时也会充满自信。

当然,严慈相济尤其要求全家人保持教育的一致性,包括一起生活的祖辈和保姆,不让孩子在宽严之间产生困惑。

六、尊重差异,根据年龄和个性特点进行科学引导

孩子成长有规律,比如民间一直有"三翻六坐八爬"的说法,说明孩子在身体发育、智力发展以及情感、社会化等发展指标上,就时间维度而言,存在明显的一致性,但生活经验告诉我们,孩子之间存在极大的差异性,正如世界上没有两片一模一样的树叶,父母要理性看待孩子的个性差异,不能用过高的期待和不切实际的要求,给孩子造成难以承受的心理压力。

"茫茫宇宙中,有一种神奇的生物。这种生物不玩游戏,

不聊 qq, 天天就知道学习, 回回年级第一; 这种生物可以 9 门功课同步学, 妈妈再也不用担心他的学习; 这种生物考清华, 考北大, 能考硕士、博士、圣斗士, 还能升级黄金、白金和水晶级; 这种生物不看星座, 不看漫画, 看到电脑就想骂娘; 这种生物琴棋书画样样精通, 甚至会刀枪剑戟斧钺钩叉; 这种生物是团员、党员、公务员, 将来还可能知道地球为什么这么圆; 这种生物长得好看, 写字好看, 成绩单也好看, 就连他的手指甲都是双眼皮的……这种神奇的生物就是别人家的孩子!"

这是 2011 年开始流行的一个嘲讽家长的段子,用幽默的语气表达了孩子们被自己家长口中那个完美小孩碾压的沮丧和无奈。这种无视孩子的个性差异,用别人家孩子的长处比自己家孩子的做法,不仅不能督促自家孩子变得更好,反倒会雪上加霜,伤害自家孩子的自信和自尊。

父母要做到尊重差异,就要回归常识,承认每个孩子都是上天独一无二的创造,有不同的天赋优势,正如哈佛大学教授霍华德·加德纳 1983 年提出的"多元智能理论",人类有 7 种类型的智能——语言智能、逻辑—数学智能、空间智能、身体运动智能、音乐智能、人际智能和自省智能,没有人的多元智能像扇叶一样平均发展,总是在某些方面非常出色,而在某些方面显得一般。父母的责任是发现和挖掘孩子的天赋优势,创造环境托举孩子达到最好的高度。

基础教育领跑全球的芬兰有句谚语,"不能强迫苹果树开出樱桃花"。要做到不强迫,一要家长有分辨自己孩子究竟是苹果树还是樱桃树的智慧,二是不指望孩子替自己实现人生理

第十章 《中华人民共和国家庭教育促进法》的家庭教育方式方法

想。不管孩子是普通的苹果还是市场价格更高的樱桃，或者多子女家庭的孩子有的是苹果有的是樱桃，都能全然接纳，给予同样的爱和尊重。有了这样的常识和胸怀，才可能做到根据年龄和个性特点进行科学引导，比如学习不同年龄段孩子身心发展的特点，多给孩子尝试的机会，发现孩子的兴趣爱好和优势领域，才能避免拔苗助长、盲目"鸡娃"的误区。

年龄特点带来的家庭教育变化莫过于青春期。父母如果不了解青春期孩子的身心发育特点，就像在黑夜的高速路开车遇到了暴风雨，不改变开车的方法，还是原来的速度，想并线就并线，想超车就超车，就难免会出事故。

青春期的标志是孩子开始叛逆了，孩子叛逆的心理需求是"我的地盘我做主"。十二三岁到十八九岁的孩子，渴望与众不同，渴望被当作大人，渴望独立自主地决定自己的事情，但又处于时而激进时而极端的矛盾中。其实，叛逆是孩子长大的必经过程，叛逆是好的开始。在家庭这个最安全的环境中，孩子要习得恰当地说"不"、理性地表达情绪、独立地做出决定等能力，这时父母就犹如孩子练习反权威的"沙袋"，要接纳、忍耐并且帮助孩子习得这些能力。

青春期父母最大的困惑，是如何跟孩子好好沟通，说什么，怎样说，都是有讲究的。如果说不好，宁可先不说。建议家长把握三个原则：一是"己所不欲，勿施于人"，二是"己所甚欲，慎施于人"，三是"快快地听，慢慢地说，慢慢地动怒"。还要会倾听，一要听清孩子说的内容，二要听出孩子的情绪，三要听懂孩子的心理需求。尤其不能在愤怒的时候管教孩子，务必要"先处理心情再处理事情",否则不仅会事倍功半,还可能南辕北辙、欲速不达。

跟青春期孩子冲突不断的父母,大多是在孩子12岁之前没有建立起家庭公约。家庭公约是全家人都要遵守的规则,清晰的规则给人更大的自由。心中有规则的孩子是不需要依赖他律,写作业不用父母看着也不会开小差,不容易被同伴和流行文化带着跑,知道自己要什么、不要什么。对父母而言,建立规则的过程或许并不容易,但规则一旦确定,就减少了很多烦恼。

建立规则最好的办法是定期召开家庭会议,所有成员集体讨论通过并写下来,挂在家里醒目的地方。规则上墙,矛盾落地。遇到状况,父母既不用指责、压抑孩子,也不用讨好、诱惑孩子,只需冷静下来问孩子3个问题:关于……咱们家是不是有约定?为什么要定这样的规矩?你现在应该怎么办?这时孩子要服从的,就不是父母的压力而是规则,许多亲子冲突就可以避免了。

接纳孩子的差异,才能在细微处看见生命的珍贵。北京中亲联教育科技研究院院长王占郡专门研究过一类特别敏感和脆弱,心理上也很容易受伤的孩子,他把这些高智商、高敏感、高脆弱(或高需求)的孩子称为"三高"儿童,认为养育"三高"儿童对多数父母来说是挑战,也存在风险,但如果父母具备相关知识又有足够的觉察和敏感,提供合宜的养育和成长环境,"三高"儿童更有可能成为优秀的人才甚至天才。"他们的高需求被满足之后,一旦绽放,速度和光芒会大大超过其他孩子。"

七、平等交流，予以尊重、理解和鼓励

孩子心中的平等交流什么样？让我们听听孩子的心里话——"也许你们认为成绩差的孩子一定很坏，但是你们错了""希望妈妈不要老是看手机，多和我交流交流""父母应该多花些时间听我说话，你们说的也许都对，但我也要有自己的观点""我犯错时，你们能不能听我解释解释再发火啊？""希望爸爸少抽烟少喝酒，最起码喝多了以后别发疯"……

这些孩子的心里话来自某中学初三的83名学生，班主任老师采用开放式作文的形式，请孩子们写出对父母的期望。其中37%的孩子对父母不满意，原因基本上集中在暴力、专制、酗酒、漠视、离异、家庭不和睦等方面，对父母提供了反思和改变的宝贵"镜子"。

另一方面，北京大学对1200名学生家庭教育状态的调研显示，92%的学生认为自己家庭氛围非常和谐，亲子之间的交流是民主平等的。平等交流的关键是"平等"，一方居高临下地说教、一方被动地听从，不是交流，而是灌溉。遗憾的是，现实却正如意大利幼儿教育家蒙台梭利所说，"成人以盛气凌人的态度对待儿童,这在家庭中十分普遍，即使是备受宠爱的儿童，也有可能被成人的权威压制住自己的个性"，尊重在很多家庭尚属稀缺资源。

亲子之间要做到平等交流，父母真正给予孩子尊重、理解和鼓励，就意味着把孩子当成有思想、有感情、有合法权益的"社会的人"，像尊重同事和领导一样，尊重孩子的人格，尊重儿

童的权利,否则尊重就是假的,理解和鼓励就成了无源之水、无本之木。

平等交流的基础是尊重儿童权利,可惜根据中国儿童中心2014年发布的《城市小学生家庭教育状况调查报告》,75%的父母从来没有听说过儿童权利,50.43%的父母和孩子谈话最多的主题是"学习",57.78%的父母陪伴孩子花费时间最长的是"写作业"。

尽管我国早在1990年就签约加入了《国际儿童权利公约》,但父母对儿童权利的无知和漠视,导致育儿过程中常见越界行为。比如普遍存在"亲子一体化"现象,一方面大包大揽,过度教养,甚至要求孩子"只要好好学习别的什么都不用管",不给孩子分担家务劳动的机会,剥夺孩子的发展权和参与权;另一方面对孩子的学习成绩期待过高,过度介入,剥夺孩子自主学习的权利。

2018年,北京师范大学发布《全国家庭教育状况调查报告(2018)》,发现如果不谈作业、考试和学习,有近两成家庭的父母和孩子之间几乎无话可说。原因就是父母不了解儿童除了学习还享有倾诉权、自由发表言论权、隐私权和休闲娱乐权,因此出现打骂、圈养、语言暴力、冷落忽视、过度保护等侵犯儿童权利的行为。

尊重孩子,还意味着建立有爱有界限、亲密而有间的亲子关系。随着孩子的成长,父母该放手时要舍得放手,要尊重孩子的物理空间和心理空间,给孩子选择的机会、说不的权利,允许孩子不乖,允许孩子顶嘴,才能培养出独立自信、心理能量强大的孩子。

尊重、理解和鼓励孩子，还体现在少给孩子讲道理、多关注孩子的情绪和感受。有些父母一遇到孩子"不听话"或稍有冒犯顶撞，就会火冒三丈，无法控制情绪，给亲子关系带来很多麻烦，甚至凭空制造出很多不必要的亲子冲突。父母如果能学会看见孩子的情绪和感受，很多问题都可以迎刃而解。

遗憾的是，生活中常见的情感匮乏是亲子关系的隐形杀手。如果父母自身的情绪感受力不足，看不见孩子行为背后的情绪和需求，就很难理解和包容孩子，亲子之间缺乏情感的流动，即使父母的初心是为了孩子好，孩子也会封闭耳朵，压抑心灵。

尊重、理解和鼓励能营造温暖有爱的亲子关系。"正常的妈妈耐心地回应孩子，焦虑的妈妈强迫孩子的注意力在自己身上"，韩国南首尔大学教授张美景分析韩国青少年自杀率世界第一时，认为主要原因就是家长过度关注学业，情感陪伴不足。她提出过度或过少、不安和紧张、愤怒与敌对性、虐待性干预等养育方式和态度都是有害的，提出形成"共情—接纳"的亲子关系。

温暖有爱的亲子关系，需要父母学会非暴力沟通的方式，不要一开口就评价孩子，说话之前要"想想"：我对孩子说的话是真实的吗？

中科院心理研究所一项对1511名孩子的问卷调查显示，在身体虐待、情感虐待、性虐待和忽视这四个暴力行为中，"忽视"导致孩子抑郁焦虑的可能性最大。让我们多想想中国儿童中心的调查问卷上的问题，看看孩子们的希望——

尊重孩子的个性，不在孩子面前提别的孩子如何优秀；

以平等的意识看待孩子，能真诚地向孩子承认和检讨自己

的不足;

通过自己的言语、眼神及姿态让孩子感觉到父母的肯定;

有质量地陪伴孩子,有深度地进行亲子互动交流;

支持孩子的兴趣爱好,促进孩子全面发展;

让孩子做力所能及的家务事,允许孩子参加同学的聚会;

跟孩子一起做他感兴趣的事,关注孩子的身体健康;

不用挖苦、讽刺或者冷落、不理睬来实施冷暴力,保护孩子的隐私;

在择校、零用钱管理、家庭事务、兴趣班、交朋友、娱乐方式、衣着打扮等选择上,充分听取孩子的意见。

八、相互促进,父母与子女共同成长

人的一生要接受四种教育,分别是家庭教育、学校教育、社会教育和自我教育。在终身学习成为时代共识的今天,对孩子成长最有利的是学习型家庭环境,是父母放下"我走过的桥比你走过的路还多"的骄傲,是父母自觉树立学习意识,随着孩子的成长不断提高自己的家庭教育素养,愿意向孩子学习,努力实现亲子共成长。

家庭教育不能一蹴而就,也没有任何拿来就能见效的神奇偏方。在终身学习成为时代特点的今天,孩子的成长过程就是父母的学习过程,学无止境;孩子的成长课题就是父母的必修课,学以致用。陪伴孩子成长、主动学习、不断探索、自我更新,也是父母疗愈自己童年遗憾的补课机会。

在2016家庭教育国际论坛上，英国剑桥大学社会人类学教授艾伦·麦克法兰指出，21世纪的家庭教育特点已经从单一的个人能力与知识提升，升级为小组融合与合作技能开发；家庭教育视角从地区与国家的联系变为国际与全球的联动；家庭教育媒介也从书本为主的形式变为视觉教育的模式；家庭教育方式从父母教育孩子的自上而下规律，逐渐演变为孩子影响父母的自下而上的自我提升；随着新技术的引入，家庭教育的发展空间渐渐进入一个平等的新世界。

经合发展组织教育与技能司司长安德烈亚斯·施莱克尔在向日葵国际教育高峰论坛（2018）上也发表了："过去我们可以通过阅查百科全书寻找问题的答案，并且确定答案是正确的。但今天孩子们通过网络能查到成千上万个答案，但是没有人告诉他们哪些是正确的，哪些是错误的，哪些是真的，哪些不是真的。孩子们需要的不再是'汲取'知识，而是'建构'知识的能力。"在人工智能汹涌而至的今天，这一点尤其值得每个家长深思。

如果说父母这一辈擅长汲取知识，被称为网络原住民的孩子在建构知识方面显然更胜一筹。面对未知的世界和纷至沓来的变化，父母和孩子在很多方面可以相互促进，共同成长。

艾伦·麦克法兰曾经在尼泊尔做过调查，发现有些父母虽然是文盲，但还是尽可能照顾了孩子在精神上的发展，教会孩子如何与其他人友善相处。他认为父母对于孩子教育质量的好坏，绝大部分取决于父母对孩子的爱和支持，而不取决于父母的教育程度。

由此可见，能否与孩子共同成长并不取决于父母的学历，而需要父母放下自以为"走过的桥比你走过的路还多"的骄傲和成见，怀着敬畏童年的态度去重新认识童年，珍惜童年的幸福快乐对孩子一生的重要价值，和孩子一起发现童年珍藏的人生秘密。

共同成长需要建立良好的亲子关系，要有两代人的共同生活、共同游戏、共读共写、共同劳动的经历，有高质量的亲子时光，有令人印象深刻的美好体验。

共同成长需要父母有超前意识，提前学习相关的育儿知识，不要等到问题出现才手忙脚乱。因为孩子的发展问题有一定的延迟性，比如青春期出现亲子隔阂的原因出在依恋形成期，青春期就仿佛对家庭教育强行做了一次"体检"，无情地把家庭秩序、家庭关系、家庭教养方式等方面早已存在的问题一一呈现出来。厌学、网瘾、社交退缩等让人紧张又焦虑的"异常指数"，只不过是父母角色错位、夫妻关系不和、教育分歧严重、过度关注学习、亲子关系冷漠、缺乏家庭生活等"病症"的外在表现而已。

共同成长需要父母有觉察、思考、改变的习惯，让孩子有机会参与到广泛的生活中，接触真实的自然界和社会生活，获得丰富而均衡的生活体验和教育实践，从而积累经验、发展能力、增强自信，有机会更好地表达意见，更为主动全面地发展。

九、其他有益于未成年人全面发展、健康成长的方式方法

在倡导以上八种家庭教育方式方法的基础上，《家庭教育

促进法》建议父母根据自己家孩子的具体情况，积极发挥主动能动性，创造性地寻找适合自己家的"其他方式方法"。当然，要满足三个条件，一是针对孩子的生理、心理、智力发展状况，二是尊重其参与相关家庭事务和发表意见的权利，三是有益于孩子的全面发展和健康成长。

父母并非有了孩子就能无师自通，不必将八种家庭教育方法在落实过程中齐头并进，更不能羡慕别人家成功的家庭教育方式方法，于是拿来就套用。有的家庭有全职妈妈陪伴孩子，有的家庭注重生活中的实践教育，有的家庭可以借力祖辈的隔代教养，有的家庭注重让孩子在体验中培养习惯和能力……法无定法，重要的是父母保持学习的心态，沉住气，眼光放长远，享受亲子共成长的美好时光。

每个家庭每个孩子各有特点，正如《家庭教育促进法》第十八条所言，未成年人的父母或者其他监护人应当树立正确的家庭教育理念，自觉学习家庭教育知识，在孕期和未成年人进入婴幼儿照护服务机构、幼儿园、中小学校等重要时段进行有针对性的学习，掌握科学的家庭教育方法，提高家庭教育的能力。

父母是离孩子最近的家庭教育专家，是最熟悉孩子的人，在"内卷""鸡娃"成为热词的今天，父母要因地制宜地使用有益于孩子全面发展、健康成长的方式方法，回到常识，沉住气，不被过度焦虑和过度教养的时代病裹挟。大量研究证明，过度教养会影响孩子的自信心，影响孩子对生活的掌控能力，让孩子产生无力感，不仅为孩子的成长带来负面影响，也会带给父母倦怠、压力、自责等情绪困扰。

父母是孩子的第一责任人,但不必苛求自己对孩子负全责。父母应该承认自己的有限,谅解自己的无奈。承认孩子是个普通人,甘愿培养一个富有人性、积极阳光、自立有为的"正常儿童"。

当父母对孩子"恨铁不成钢"时,其实孩子心里也会"恨爹不富商"的。家庭教育不是把劲儿都使在孩子身上,而是力求实践"有好的关系才有好的教育""家庭是最好的情商课堂""幸福的婚姻才能养育优秀的孩子"。

积极心理学创始人之一马丁·赛里格曼博士说:"养育孩子,远远不只是修正他们的错误,而是帮助他们找到自己的闪光点,进而把这些长处充分发挥出来,成为一生的热爱。"愿天下的父母能用积极的心态去调整家庭关系、重建父母角色能力、走出家庭教育认知误区、提高家庭教育素养。毕竟,没有人不需要学习就能做好父母,危机就是契机,转变始自觉醒。

(作者杨咏梅为中国教育报家庭教育周刊主编,中国教育学会家庭教育专业委员会常务理事)

第十一章

尊重规律 尊重孩子 尊重科学
是家庭教育的基本要求

第十一章 尊重规律 尊重孩子 尊重科学是家庭教育的基本要求

2022年1月1日《中华人民共和国家庭教育促进法》（以下简称《家庭教育促进法》）正式实施。

什么是家庭教育？家庭教育是指父母或者其他监护人为促进未成年人全面健康成长，对其实施的道德品质、身体素质、生活技能、文化修养、行为习惯等方面的培育、引导和影响。

什么是家庭教育的根本任务？即：立德树人，培育和践行社会主义核心价值观，弘扬中华民族优秀传统文化、革命文化、社会主义先进文化，促进未成年人的健康成长。

什么样的家庭教育是符合《中华人民共和国家庭教育促进法》？

《家庭教育促进法》中提出了五条要求。

（一）尊重未成年人身心发展规律和个体差异。

（二）尊重未成年人人格尊严，保护未成年人隐私权和个人信息，保障未成年人合法权益。

（三）遵循家庭教育特点，贯彻科学的家庭教育理念和方法。

（四）家庭教育、学校教育、社会教育紧密结合、协调一致。

（五）结合实际情况采取灵活多样的措施。

大家可能已经注意到，五条要求中多次提到"尊重"。那么为什么要"尊重"？不"尊重"有什么后果？什么才是科学的"尊重"？

一、尊重发展规律，父母才能不焦虑

第一条要求：尊重未成年人身心发展规律和个体差异。

法国启蒙思想家、教育家卢梭曾告诫父母："教育儿童必须符合儿童身心发展的规律和年龄特征，否则会导致不良后果。""在万物的秩序中，人类有他的地位，在人生的秩序中，童年有他的地位，即应把成人当成人，把孩子当孩子。"

一日外出讲课互动，上来一位3岁孩童，我蹲身问他："孩子，你有什么烦恼呀？"男孩想了想，天真地问："阿婆，什么叫烦恼呀？"我忽然意识到，他还是一个孩子，他还不懂什么叫烦恼。

生活中，我们常常会忽略不同年龄的成长特点，用成人的思维看待孩子，把孩子当成人，所以，我们会做出一些违背孩子成长规律的事情。

有人说："第一个孩子翻书养，第二个孩子当猪养。"虽是玩笑话，但也说明成长规律的重要。

第一次养育孩子，做父母的除了欣喜与惊奇，更多的是焦虑和郁闷。不知孩子的表现是正常还是有病？是必然还是偶然？经历了，知道什么时候会发生什么变化，心就放下了。

我接触过无数焦虑的父母。学习了这部《家庭教育促进法》，我想告诉父母朋友们："长大不容易，成长有规律。"我们不必焦虑，但是，我们必须学习。

在孩子成长中不同年龄段、不同成长期要特别关注哪些问题呢？

比如：在孕育生命期中，心情最重要。准妈妈一定要有好心情，母亲的心情会影响孩子的脾气和智慧。因为母亲紧张时会产生压力的荷尔蒙，它对孩子大脑的发育不利。拥有好心情的九大良方是：心中充满幸福感；把快乐留住；想象一个美丽的天使；欣赏大自然的美景；欣赏艺术作品；聆听优美的音乐；阅读文字优美的书籍；多到户外运动；夫妻一同布置整洁温馨的家。

婴儿成长期中，安全感最重要。

孩子要自己带，父母自己带的孩子有安全感，付出了才会有感情，经历了才会有经验。妈妈的微笑是最好的礼物，爱孩子的父母就要经常对孩子笑，用欢乐的表情、语言和环境来刺激孩子天真的快乐，是促进孩子中期智商与情绪智商开发的一大妙招。要抓住"大脑发育的各个关键期"。0岁至3岁是人的一生中大脑发育的关键时期，这个时期儿童的大脑具有天才般的学习和吸收能力。父母应该掌握孩子大脑发育最关键的时期，给孩子储存一生享用不尽的财富。

幼儿成长期中，习惯养成最重要。

在这个时期孩子的学习力（模仿力）最强，它是品德教育的黄金时期，父母把握机会好好的教，这时的教导是事半功倍，教好了，孩子以十倍来偿还你的辛劳。从小要让孩子懂规矩，要让孩子体验到"无理取闹不能赢"，否则父母将很难对付他；早期教育应该学什么？千万记住"人生是马拉松不是短跑"，不能因为我们的短视，误把人生的长跑当短跑；不能因为我们的无知，错把孩子看成学习的机器；更不能因为我们的功利，剥夺孩子最宝贵的童年。我们既不能急功近利，也不能坐失良机。

儿童成长期中，培养爱的情感最重要。

父母态度对孩子的影响力常超越我们的想象。别忘了"替孩子"等于"害孩子","放手才能放心";想让孩子快乐,最好办法是培养孩子的爱心,因为"爱心决定快乐";想让孩子有创新才能,一定"把问题留给孩子";想让孩子学习好,"习惯影响一生"。你可以替孩子一时,却不能替孩子一生。许多事情是替代不了的,孩子的生活,最终是由孩子去面对。

少年成长期中,经历最重要。

"小孩打架,大人别管",孩子们的战争也是一种学习,让他们在打架中学会生活,学会相处;想让孩子成为"重要人物"吗?一定让他有"小孩说话也管用"的成功体验;风华正茂的少年,一定要走出宅门,融入大自然,"眼光决定未来""梦想让孩子了不起"。一句话能改变孩子的一生。教育孩子不在于父母说了多少大道理,关键是要有几句能让孩子记得住、忘不了、用得上的话。这样的话才能成为他们人生智慧的一部分,并且真正影响孩子的人生。

青年成长期中,热情最重要。

热情是毅力背后的推手。培养孩子做有用的人,当他有用时,他的生存问题就解决了。孩子能快乐的活着过一生,做他喜欢做的事是最重要的,父母不必在乎世俗的眼光,更不要把孩子去跟别人比。面对留守与孤独、面对父母打工或离异、面对灾难与失败,永远不回避,经历就是财富,挺起腰杆做人,"理解了,就长大了",记住:"舍得用,孩子才能成大器",用了孩子,别忘了说:"有儿子就是不一样!""有个女儿真好!"

步入成人期后,责任心最重要。

应把孩子当成人,引导孩子不靠你我,把选择权交给孩子,选择朋友、选择职业、选择伴侣、选择人生，靠的是责任，责任心让孩子成为自己的贵人。选择中"合适"才是最好的。

要承认孩子的个体差异。"龙生九子，子子不同。"就如天下没有同样的树叶一样，世界上也没有一模一样的孩子。每个孩子都是不同的，所以孔子提出"因材施教，对症下药。"《论语·为政》："子游能养而或失于敬，子夏能直义而或少温润之色，各因其材之高下与其所失而告之，故不同也。"

司马迁说，孔子的弟子有3000人，其中非常优秀的有70多人，每个人都是完全不同的。孔子的学生有的品格高尚，比如颜渊、闵子骞、冉伯牛、仲弓；有的在语言方面表现突出，比如宰予、子贡；有的政务能力很强，比如冉有，子路；有的以文学功力见长，比如子游、子夏。这些学生有的出去做了官，宣传和实施老师的主张；有的始终追随在孔子身边，照顾老师的生活。孔子的一生与这些学生是密不可分的。

承认差异，因材施教，是教育的重要原则。所以把自己的孩子和别的孩子比较，总对孩子说"你瞧人家"，是违背孩子成长规律的。只有根据不同孩子的认知水平、学习能力以及自身素质，选择适合每个孩子特点的方法，有针对性的教育，才能发挥孩子的长处，激发孩子的兴趣，树立孩子的信心，德智体美劳全面发展。

家庭关系中，理解最重要。

为孩子构建一个温暖的家，理解是基础。父母理解了孩子，就学会了沟通；孩子理解了父母，就学会了关心；男人理解了女人，就学会了尊重；女人理解了男人，就学会了包容；儿媳理解了公婆，就学会了相处。给孩子一个温暖的家，孩子才能幸福快乐地成长。

"长大不容易，成长有规律。"世界上没有后悔药，如果明白地走，才会走得更明白。只要尊重未成年人身心发展的规律和个体差异，摆正心态，放长眼光，按教育规律、人才成长规律教育孩子，每个孩子都会精彩，成为最好的自己。

二、尊重孩子人格尊严，孩子才能尊重生命

第二条要求：尊重未成年人人格尊严，保护未成年人隐私权和个人信息，保障未成年人合法权益。

有人说，现在有的孩子怕苦、怕累、怕失败，就是不怕死。为什么呢？因为命是父母的，不是自己的。从小到大他们的人格尊严从来没有得到过尊重，他们的尊严屡屡被践踏。

大家还记得，在一所中学里发生的惨案：一名初中男生，因违反纪律，老师把他妈妈叫到学校。当这位妈妈看到儿子正在教室的走廊里和同学一起玩扑克，气急败坏，上去扇了儿子几个耳光，儿子犹豫片刻，转身跳楼身亡。一个大男生当着同班同学的面被打脸，是多么没有面子！他宁肯死，也不肯失去他的面子。

令人发指的是，就在《家庭教育促进法》颁布12天后，仍然发生了一件令人发指的事：一位母亲在地铁车厢里，只因上小学的女儿玩手机，就大打出手，还让女孩下跪，在大庭广众之下跪了一站地，严重践踏孩子的人格尊严，触犯国家法律的

事件。殊不知,这场羞辱,可能孩子需要一生来治愈。

尊重孩子的人格尊严比什么都重要。对一个孩子来说,最害怕的不是棍棒、拳脚,而是失去面子,失去尊严。如果他的人格受到羞辱,尊严被践踏,那他的灵魂就会受到重创,很难愈合。有面子的孩子有尊严,要给孩子留面子,让他们有尊严地活着,这是教育的原则。当孩子考试没考好或者犯了错误时,父母一定要冷静,千万不要因为一时冲动伤害了孩子的自尊,不管是男孩、女孩,都应该像尊重成人一样尊重孩子。

一个人心灵的世界是靠尊严支撑的。我们培养孩子,从小要有骨气、有尊严,自尊自强。维护孩子的人格尊严,就能激发孩子心中那股神圣的力量,激励自己自由、健康发展。一旦孩子意识到他是同大人(父母)人格平等的人,就会激起他的自豪感,建立自信,堂堂正正地做人。

人人都需要尊严。尊严是人生的丰碑,尊严的丰碑树立起来,人生就会创造辉煌;尊严的丰碑一旦倒塌,心灵会被践踏。贫困、残疾家庭出生的孩子需要尊重,那些学习成绩差的孩子也需要尊严,有时这些父母、老师眼中的"差生",缺的不是分数,而是人格尊严。

一群全校闻名的捣蛋鬼,毕业前被集中打入"差班"。"差班"第一天上课,新班主任的开场白是这样说的:"同学们,把头抬起来!人生好比一场马拉松,暂时的落后并不代表最后的失败。从今天开始,我和你们一同起跑……"犹如春风拂过荒野,犹如暖流涌向冰川,这些"差生"的心灵被强烈震撼,就在这堂课上,一颗颗"顽石"定下了努力向上的决心。

从此,"把头抬起来"成了这个班同学的常用词。现在,他们都已长大成人,每逢过年,他们之间还通过手机把这句话互相传递。他们说:"这普普通通的五个字,充满了强烈的感情和人生的哲理,是它,改变了我们的人生道路。""把头抬起来"这五个字唤起了孩子们做人的尊严。

孩子进入了青春期,常常和父母发生各种冲突,我们常把这种现象称为"青春期碰撞更年期"。青春期的少男少女开始有自己的小秘密了,许多秘密只想对伙伴说,不想跟父母说,对于成人,他们心灵的大门是关闭的。这些孩子的父母正好进入了更年期,专门爱打听孩子的秘密。这个阶段,正是父母和孩子斗智斗勇的关键时期。只要其中一方能做到善解人意,矛盾就可能化解,不会升级。青春期的未成年人更需要得到尊重。如果你侵犯了他的隐私,他会非常愤怒,做出极端的行为,他会用生命来维护他的尊严。所以《家庭教育促进法》中特别提到的"尊重未成年人人格尊严,保护未成年人隐私权和个人信息,保障未成年人合法权益"显得格外重要。

那么,未成年人有哪些合法权益?

2021年新修的《未成年人保护法》第三条规定:"国家保护未成年人的生存权,发展权,受教育权,参与权等权利。""未成年人依法平等他享受各种权利,不因本人及其父母或者其他监护人的民族、种族、性别、户籍、职业、宗教信仰、教育程度、家庭状况、身心健康等受到歧视。"

家庭该如何保障未成年人的合法权益?

《未成年人保护法》第十六条规定:未成年人的父母或者

其他监护人应当履行十条监护职责：（一）为未成年人提供生活、健康、安全等方面的保障；（二）关注未成年人的生理、心理状况和情感需求；（三）教育和引导未成年人遵纪守法、勤俭节约，养成良好的思想品德和行为习惯；（四）对未成年人进行安全教育，提高未成年人的自我保护意识和能力；（五）尊重未成年人受教育的权利，保障适龄未成年人依法接受并完成义务教育；（六）保障未成年人休息、娱乐和体育锻炼的时间，引导未成年人进行有益身心健康的活动；（七）妥善管理和保护未成年人的财产；（八）依法代理未成年人实施民事法律行为；（九）预防和制止未成年人的不良行为和违法犯罪行为，并进行合理管教；（十）其他应当履行的监护职责。

这些条例都对保护未成年人心身健康极其重要，是未成年人的父母和监护人必须遵守的。

三、尊重科学，遵循特点，才能学会爱的智慧

第三条要求：遵循家庭教育的特点，贯彻科学的家教理念和方法。

家庭教育与学校教育、社会教育有着很大的不同。有两大特点：

第一，虽然家庭是第一个课堂，但这个课堂不是传授知识的课堂，而是实施道德品质、身体素质、生活技能、文化修养、行为习惯等方面的课堂，这能够帮助孩子学会生存、适应未来。

第二，虽然父母是第一任老师，但这个老师与学校的老师

也是不同的。父母每天和孩子生活在一起，一言一行、一举一动都会影响孩子的一生。家教，不是靠说教，靠的是影响和智慧。孩子是看着父母的脊背长大的。父母的责任是教会孩子如何做人，如何做事，系好人生第一粒扣子。

孩子的成长需要陪伴，陪伴需要温度。家庭教育如果不遵循教育的规律，不尊重孩子的人格尊严，必然会掉进陪伴的陷阱。所以，我们必须科学地教育孩子，才不会让"爱"成为对孩子的伤害。

需要警惕的是：五种"爱"是害：

1. 溺爱：溺爱带来孩子的无情
2. 替爱：替爱带来孩子的无能
3. 骂爱：骂爱带来孩子的自卑
4. 霸爱：霸爱让孩子心怀仇恨
5. 乞爱：乞爱让孩子失去尊严

正如中国家庭教育学会家庭教育专业委员会理事长朱永新说："我们经常在爱的名义下做反教育的事情，用爱摧毁孩子自由和发展，这是缺乏智慧的爱所导致的。""现在家庭需要爱与智慧同行。"

什么是家庭教育的智慧？

拿得起的是聪明，放下的是智慧，只会拿起，不会放下的是愚蠢；知道要什么是聪明，知道不要什么的是智慧，只会取，不会舍得是愚蠢。科学的家教理念就是提倡做智慧父母。那么做父母的，应该如何爱孩子才是科学的呢？

我总结了六种"爱的智慧"与大家分享。

第一种：智慧的爱，知道使用孩子；愚蠢的爱，总爱伺候孩子。

刀不磨会变钝，孩子不用会变懒。愚蠢的父母心甘情愿做孩子的保姆，事事替孩子代劳。在家替孩子叠被、穿衣，甚至喂饭；在外替孩子背书包、背画板、背水壶，明明是孩子能干的事，全由父母代办了。孩子呢？全然不把父母的辛劳放在眼里，他认为：你为我服务，应该的！谁让你生了我！这样的孩子长大会变成无能、无情、无责任感的人，很难适应社会。父母在儿时替孩子扛住了一切，今后又怎能指望孩子扛住世界？

智慧的父母会巧妙地教导孩子，孩子从小就被"委以重任"，凡是孩子力所能及的事，就支持孩子自己干；凡是孩子为父母做的事，哪怕只是端来一杯水，父母都会欣然接受，真诚地对儿子说："有儿子就是不一样！"赞美女儿说："有个女儿真好！"孩子听了美滋滋的，觉得自己有用，帮父母做事的劲头倍增。长大后这样的孩子往往责任感很强，能扛得住事儿。

第二种：智慧的爱，喜欢激励孩子；愚蠢的爱，总爱指责孩子。

挑剔的父母总是在否定孩子，爱用自己孩子的短处与别人家孩子的长处比较，"你瞧人家"是他们的口头禅。结果呢？在否定中长大的孩子，极易对别人充满敌意，自暴自弃。

宽容的父母总是在肯定孩子，他们容易发现孩子点点滴滴的进步。"很好，孩子，你比昨天又进步了！""不要紧，成功只是躲在失败的后面！"孩子看到自己的进步会信心十足，在宽容中长大的孩子,将会极富耐心。

苛刻的父母容不得孩子犯错误,面对犯错的孩子非打即骂。这是在逼着孩子说谎话,由此孩子学会了逃避,学会了推卸责任。在指责中长大的孩子,将来容易怨天尤人。

智慧的父母明白,任何一个孩子的成长历程,都是一个犯错—知错—认错—改错的过程。不允许孩子犯错,是对孩子的伤害。于是,他们会耐心地帮助孩子认识错误,让他感受自己行为带来的后果,这就是我们常说的自作自受,让孩子学会对自己的行为负责。

第三种:智慧的爱,注意让孩子分享;愚蠢的爱,只顾让孩子独享。

糊涂的父母,把物质看得比精神重要,好吃的、好喝的、好用的,先给孩子。看孩子"独享",自己很享受,生怕孩子吃了亏。独享就像一个恶魔,让孩子变得贪心。在独享中长大的孩子,自私冷漠,眼中没有别人,心中没有父母,身边也没有朋友。孩子长大成人后,父母不会感受到一点来自孩子的幸福。

智慧的父母,从小让孩子在分享中长大。分享,是快乐的源泉。当一个人在分享中感到快乐,他内心的世界会变得很大,他会把别人的心装进自己的心,遇事为别人着想,考虑别人的感受。于是,他学会了关心,学会了爱,在社会上拥有更好的人际关系。小时候,在分享中,他奉献了自己的力量,从而产生了成就感和价值感;长大后,会成为一个有益于人民的人。他懂得,不是因为拥有了才付出,而是因为付出了才拥有。

第四种：智慧的爱，事事相信孩子；愚蠢的爱，总爱怀疑孩子。

疑心重的父母总爱用怀疑的眼光看孩子，不相信淘小子会干好事，不相信拿家里钱的孩子会变好，总是把孩子看成是说谎者，总是在众人面前提起孩子说谎的事情。在你怀疑的目光中，孩子会选择继续说谎。长大后，他会变成一个言而无信的人，甚至变成一个大盗。

智慧的父母，一直相信孩子，会用信任的目光看孩子，他们深信自己的孩子是好孩子，哪怕他有过失。他们常常用"发现新大陆"的眼光，去发现孩子身上的闪光点。孩子从父母独特的目光中，感受到"妈妈相信你"的信任的力量。于是，他们会努力表现自己积极的一面，生怕失去这份信任。在认同中长大的孩子，将会掌握目标，爱人爱己，善解人意，绽放出生命的精彩。信任会唤醒沉睡的巨人。

第五种：智慧的爱，善于管教孩子；愚蠢的爱，只会放纵孩子。

愚蠢的父母认为，爱孩子就是百依百顺，孩子要什么给什么，不管合理不合理；孩子想干什么就干什么，不管该干不该干。于是，孩子从小目中无人，无法无天，甚至违法乱纪。这样会坑害了孩子的一生。这样的父母不明白一条真理："如果你想让孩子变成不幸的人，就对他百依百顺。"

智慧的父母认为，孩子是需要管教的，规矩是需要学习的。放手不等于放纵，关爱不等于溺爱，帮助孩子从小养成良好的行为习惯，是对孩子一生负责。爱孩子需要智慧，智慧的父母不仅关心孩子今天得到了什么,而且关心明天孩子能用上什么;不仅关心今天装进了什么,而且关心孩子应该扔掉什么。让头脑、身体与房间、书包一样,永远留有空地,接收新的东西。

第六种:智慧的爱,看重过程;愚蠢的爱,只看重结果。

人生最大的财富是体验,体验成功、体验失败对孩子都十分重要。

愚蠢的父母看重结果,告诉孩子只许成功不许失败,这样的孩子经不起失败。一位父亲甚至要求女儿只许考第一名,不许考第二名,考不到第一名就别回家。结果,女儿差0.5分没考到第一名,就坠楼了。惨痛的教训告诉我们:名利是身外之物,亲身的体验,才是自己的。只要结果的父母最后得到的是一个不择手段、急功近利、急于求成的孩子。

智慧的父母看重过程。他们认为,孩子长大了早晚要离开父母,自己闯出一片天地,与其让他们面对挫折时感到愤怒无助,不如从小摔摔打打,经历失败与痛苦,"撞"出来面对人生的勇气和本领。孩子冲刺百米,智慧的父母关注的不是跑第几名,而是跌倒时怎样跌得有尊严,膝盖被磕出血来,怎样清理伤口,怎样包扎;孩子参加演出,智慧的父母关注的不是孩子获得了几次掌声,而是孩子被淘汰后是不是尽力了,是不是还开心?

父母的智慧,实际上就是放平心态,永远用乐观积极的心态去面对人生。作为父母,你想让孩子快乐的成长吗?你想让孩子拥有幸福的人生吗?那么你就勇敢的走出误区,把孩子放下,用智慧的眼光认识孩子,用智慧的方式走进孩子的世界,还给孩子一个快乐的童年,和孩子建立起爱、亲密、温暖的关系。

四、遵循家、校、社共育原则，协调一致

第四条要求：家庭教育、学校教育、社会教育紧密结合，协调一致。

未成年人是身心发育尚未成熟的特殊群体，具有特殊的生理和心理特征，非常需要家庭、学校、社会和国家给予特别的关心和爱护。作为自然的人，未成年人的生长发育需要家庭和社会给予物质上的支撑和精神上的呵护，离开周围的人和社会的支持，就不可能正常发育，甚至不能维持生命；作为社会的人，他们不可避免地要受到社会的影响，社会的文化、风俗、传统、习惯、生活方式和各种意识，都通过各种渠道和方式影响未成年人的意识和行为，国家、社会、学校和家庭有责任扩大对未成年人的积极影响，避免或减少消极影响。所以，保护未成年人，家、校、社都有责任。有些问题必须协调一致，共同努力才能解决。

比如，对未成年人的网络保护，是全社会都关注的问题，也是广大父母最焦虑的问题。所以，国家、社会、学校和家庭要共同努力，加强未成年人网络素养宣传教育，培养和提高未成年人的网络素养，增强未成年人科学、文明、安全、合理使用网络的意识和能力，保障未成年人在网络空间的合法权益。《未成年人保护法》中明确规定：

国家层面：国家鼓励和支持有利于未成年人健康成长的网络内容的创作与传播，鼓励和支持专门以未成年人为服务对象、适合未成年人身心健康特点的网络技术、产品、服务的研发、生产和使用。新闻出版、教育、卫生健康、文化和旅游、网信

等部门应当定期开展预防未成年人沉迷网络的宣传教育，监督网络产品和服务提供者履行预防未成年人沉迷网络的义务，指导家庭、学校、社会组织互相配合，采取科学、合理的方式对未成年人沉迷网络进行预防和干预。

社会层面：学校、社区、图书馆、文化馆、青少年宫等场所为未成年人提供的互联网上网服务设施，应当安装未成年人网络保护软件或者采取其他安全保护技术措施。智能终端产品的制造者、销售者应当在产品上安装未成年人网络保护软件，或者以显著方式告知用户未成年人网络保护软件的安装渠道和方法。

网络产品和服务提供者不得向未成年人提供诱导其沉迷的产品和服务。以未成年人为服务对象的在线教育网络产品和服务，不得插入网络游戏链接，不得推送广告等与教学无关的信息。

网络游戏服务提供者应当按照国家有关规定和标准，对游戏产品进行分类，作出适龄提示，并采取技术措施，不得让未成年人接触不适宜的游戏或者游戏功能；不得在每日二十二时至次日八时向未成年人提供网络游戏服务；不得为未满十六周岁的未成年人提供网络直播发布者账号注册服务；为年满十六周岁的未成年人提供网络直播发布者账号注册服务时，应当对其身份信息进行认证，并征得其父母或者其他监护人同意。

任何组织或者个人不得通过网络以文字、图片、音视频等形式对未成年人实施侮辱、诽谤、威胁或者恶意损害形象等网络欺凌行为。遭受网络欺凌的未成年人及其父母或者其他监护人有权通知网络服务提供者采取删除、屏蔽、断开链接等措施。网络服务提供者接到通知后，应当及时采取必要的措施制止网络欺凌行为，防止信息扩大。

学校层面：学校应当合理使用网络开展教学活动。未经学校允许，未成年学生不得将手机等智能终端产品带入课堂，带入学校的应当统一管理。

学校发现未成年学生沉迷网络的，应当及时告知其父母或者其他监护人，共同对未成年学生进行教育和引导，帮助其恢复正常的学习生活。

家庭层面：未成年人的父母或者其他监护人应当提高网络素养，规范自身使用网络的行为，加强对未成年人使用网络行为的引导和监督。应当通过在智能终端产品上安装未成年人网络保护软件、选择适合未成年人的服务模式和管理功能等方式，避免未成年人接触危害或者可能影响其身心健康的网络信息，合理安排未成年人使用网络的时间，有效预防未成年人沉迷网络。信息处理者通过网络处理未成年人个人信息的，应当遵循合法、正当和必要的原则。处理不满十四周岁未成年人个人信息的，应当征得未成年人的父母或者其他监护人同意，但法律、行政法规另有规定的除外。

孩子是种子，家庭是土壤，学校与社会是阳光、雨露、肥料。所以，只有家庭、学校、社会协调一致，合作分享，才能为孩子健康成长创造更优良的环境。

父母要积极地配合学校的工作，认真参加父母大课堂的学习；在孩子面前，树立老师的威信，不在背后说老师的坏话。

学校要尊重孩子的父母，善于发挥他们的特长，把有特长的父母请进学校，扩大孩子学习的内容。

五、尊重现实,一切从实际出发

第五条要求:结合实际情况采取灵活多样的措施。

家庭各有不同,孩子各有不同,家庭教育不可能是一个模式,要根据不同的家庭、不同的孩子,采取灵活多样的措施,才能达到理想的效果。把别人的经验照搬过来,不一定适合自己家庭的实际。所以,在家庭教育、学校教育、社会教育中,都要了解不同阶段孩子成长的需求,满足孩子成长的需求,根据各地的实际情况,因地制宜地开展形式多样的教育活动,为孩子课余生活提供更充裕的条件。

(作者卢勤为中国教育学会家庭教育专业委员会副理事长,中少总社首席教育专家)

第十二章

全面落实国家支持和促进家庭教育的法定职责

《中华人民共和国家庭教育促进法》(以下简称《家庭教育促进法》)的重心就是促进家庭教育。后人考察这部法律的实施效果,就是看它在促进家庭教育方面起了哪些作用。那么如何将促进的责任落到实处呢?这部法律的"总则"第四条谈到家庭教育在实施方面的分工时规定:未成年人的父母或者其他监护人负责实施家庭教育;国家和社会为家庭教育提供指导、支持和服务;国家工作人员应当带头树立良好家风,履行家庭教育责任,明确了担负家庭教育主体责任的是父母与其他监护人。国家与社会支持家长开展家庭教育。总则的这两句话,要言不烦地确定了国家在家庭教育方面的指导、支持和服务责任。这就在整部法律的最开始部分,将"国家支持"的理念与责任明确下来。相关内容在"总则"的第六条到第十三条加以展开,并在第三章"国家支持"专章作出具体、详细的规定。

简单回顾一下就可以发现,这部法律从立法过程到定稿再到实施,一直着重而慎重地处理国家与家庭教育的关系,核心思想就是强调国家对家庭教育的支持。

在立法阶段,深入讨论了国家在家庭教育中应当扮演的角色。

2014年6月,在全国妇联举行的家庭教育立法课题研讨会上,参与立法课题的专家就提出,国家的介入不是像父母一样直接参与实施家庭教育,而应立足为家庭提供系统、专业、科学的指导,提供全面、充分、多元的支持和保障。有专家强调,立法不是控制家庭,而是强调家庭教育在国民教育体系中的重要性,强调国家对家庭教育提供支持指导的重要性,强调家庭教育、学校教育和社会教育互动形成合力的重要性。有关专家更详细地指出,结合家庭教育立法的功能定位,国家的支持作用具体体现在以下三方面:一是保障。通过立法,保障未成年人受教育权得到实现,保障未成年人全面健康发展,保障每个家庭特别是有特殊需求的家庭获得必要支持。二是指导、服务。通过立法,使国家承担责任,最大限度调动资源为家庭提供系统、科学、专业的指导,提供全面、充分、多元的服务。三是规范。国家不仅要对家庭教育工作加以指导、引导,还要通过立法加以规范,包括规范家长教育行为、规范服务机构等相关机构的行为等。①

这些思想在《家庭教育促进法》中得到强有力体现。结合家庭教育专家与公众对于《家庭教育法》草案的反馈与意见,家庭教育立法名称从2020年底征求意见版的《家庭教育法》在2021年演化为《家庭教育促进法》。

《家庭教育促进法》充分体现了国家支持的立法理念,也明确了国家在支持中的责任。

"总则"中与"国家支持"相关内容有700多字,第三章"国家支持"专章又有1300多字,两者相加超过2000字,在这部不到6000字的法律中,超过三分之一的篇幅。这些内容是各级政府支持家庭教育的法律依据,也是公权力在家庭教育方面如何与家庭这个私领域进行有效合作的法律准绳。

本章结合对一过程、三段落的理解,分六个部分解读《家庭教育促进法》中国家支持的相关内容。

---

① 《国家不能在家庭教育中缺席》,《法制日报》,2014年6月23日03版。

一、国家支持家庭教育的职责分工

国家支持家庭教育要依法实施、落到实处,首先要把部门的职责分工明确下来,"总则"第六条就起到这个作用。有分工才有机制,这里规定了分工负责的部门,无疑是工作机制的重要组成部分。这里点到了妇儿工委、教育、妇联等十五个部门,并分四组对他们的家庭教育职责作了规定。

(一)牵头责任部门

《家庭教育促进法》规定:各级人民政府指导家庭教育工作,建立健全家庭学校社会协同育人机制。这明确了政府对家庭教育负有指导责任,也界定协同育人机制的建设者是政府。当然,政府责任要有一个牵头的具体责任部门,因此法律又规定:县级以上人民政府负责妇女儿童工作的机构,负有组织、协调、指导、督促有关部门做好家庭教育工作的责任。人民政府负责妇女儿童工作的机构,一般就是指人们常说的政府序列的妇儿工委,这就明确了县级以上人民政府负责妇女儿童工作的机构负有组织和牵头职责。这可以说是对多年以来妇儿工委在家庭教育工作中的组织协调功能的法律确认,也明确今后妇儿工委必须更好地履行家庭教育组织引导部门的法律责任,明确了国家支持特别是前端的牵头职责部门。

(二)重点责任部门

教育部和妇联是与家庭教育工作离得最近的两个部门,《家庭教育促进法》规定：教育行政部门、妇女联合会统筹协调社会资源，协同推进覆盖城乡的家庭教育指导服务体系建设，并按照职责分工承担家庭教育工作的日常事务。这里明确了三个重点职责，一是统筹协调家庭教育资源，二是推进家庭教育指导服务体系建设，三是承担家庭教育工作的日常事务，凸显了教育部和妇联在国家支持家庭教育工作运行中的重点地位。另一方面，明确这两个方面的职责，也就明确了国家责任的中段的主责部门。

教育部门的责任主要借助于中小学系统实施。这部《家庭教育促进法》在"社会协同"专章中，明确了学校在家庭教育上的各项责任。另外，在第三十五条，又细化了妇联的家庭教育职责，明确提出："妇女联合会发挥妇女在弘扬中华民族家庭美德、树立良好家风等方面的独特作用，宣传普及家庭教育知识，通过家庭教育指导机构、社区家长学校、文明家庭建设等多种渠道组织开展家庭教育实践活动，提供家庭教育指导服务。"这里提到的家庭教育指导机构，是家庭教育指导服务具体实施中相当重要的机构类型，也是接下来可能会大发展的家庭教育机构。

（三）配合责任部门

《家庭教育促进法》规定了其他党政部门的配合责任："县级以上精神文明建设部门和县级以上人民政府公安、民政、司法行政、人力资源和社会保障、文化和旅游、卫生健康、市场监督管理、广播电视、体育、新闻出版、网信等有关部门在各自的职责范围内做好家庭教育工作。"也就是说，这 12 个部门应当在各自的职责范围内做好家庭教育工作。

以民政部门为例，在第三十二条、三十三条专条规定了几种民政部门做好家庭教育的具体责任。比如第三十二条规定："婚姻登记机构和收养登记机构应当通过现场咨询辅导、播放宣传教育片等形式，向办理婚姻登记、收养登记的当事人宣传家庭教育知识，提供家庭教育指导。"又比如第三十三条规定："儿童福利机构、未成年人救助保护机构应当对本机构安排的寄养家庭、接受救助保护的未成年人的父母或者其他监护人提供家庭教育指导。"

（四）联动责任部门

《家庭教育促进法》"总则"第八条明确："人民法院、人民检察院发挥职能作用，配合同级人民政府及其有关部门建立家庭教育工作联动机制，共同做好家庭教育工作。"这里将法院与检察院的工作职责定位于联动。第三十四条规定："人民法院在审理离婚案件时，应当对有未成年子女的夫妻双方提供家庭教育指导。"将联动责任具体化。

事实上，在该法出台后，一些地方的法院、检察院就以其对于法律的特有的敏感性和娴熟的动用能力，推出了《家庭教育令》。"依法带娃"在 2022 年伊始就成为热词，与此不无关系。

根据相关报道，2022 年 1 月 6 日电，湖南省长沙市天心区人民法院审理了一起抚养权变更纠纷，并针对监护人监护失职的情况，发出《家庭教育令》。这被称为这部法律出台后的第一份法院的家庭教育令。

这篇报道称,此前,长沙市天心区人民法院受理原告胡某与被告陈某的抚养权变更纠纷一案,原告胡某请求法院判令将婚生女胡某茜的抚养权变更给原告胡某。长沙市天心区人民法院少年法庭审理查明,2020年8月10日,原告与被告协议离婚,双方约定女儿胡某茜由被告陈某抚养。被告陈某离婚后再婚,并带着胡某茜搬到新的出租屋内,致使胡某茜两个星期未能上学。原告知晓后,通过找全托、请保姆的方式来履行其对小孩胡某茜的抚养与照顾义务。从2021年2月起,胡某茜一直与保姆居住,被告作为被监护人胡某茜母亲,在原告委托全托后,只是周末过去接送孩子,被告并未积极履行其应尽的监护义务,可认定被告怠于履行其抚养义务和承担监护职责;原告虽然以找全托、请保姆的方式来履行其对小孩胡某茜的抚养与照顾义务,但是原告让小孩胡某茜一个人与保姆单独居住,说明原告胡某只是履行了"养"的义务,但怠于行使"育"即教育、保护的义务。

报道说,鉴于原、被告双方都存在怠于履行抚养义务和承担监护职责的问题,都对胡某茜的生理、心理与情感需求多有忽视,胡某茜表达出更愿意和其母亲即本案被告一起共同生活的主观意愿,也考虑到被告有表达出将胡某茜转学以便照顾的主观意愿,结合原、被告《离婚协议书》中胡某茜由被告抚养的约定,天心区法院审理认为,还应该再给予胡某茜的母亲一次自我纠错,即积极履行其抚养义务和承担监护职责的机会。据此,天心区法院依法驳回原告胡某的诉讼请求,判决被告陈某继续履行监护责任。但对法定监护人陈某的失职行为依法予以纠正，依据我国《未成年人保护法》《家庭教育促进法》中的规定，长沙市天心区法院依法对失职监护人陈某发出《家庭教育令》。

报道称，《家庭教育令》裁定陈某多关注胡某茜的生理、心理状况和情感需求，具体做法为：与学校老师多联系、多沟通，保持与老师至少每周一次的联系频次，了解胡某茜的详细状况；裁定陈某与胡某茜同住，切实履行监护职责，承担起家庭教育的主体责任，具体做法为：不得让胡某茜单独与保姆居住生活，应该与胡某茜同住，由自己或近亲属亲自养育与陪伴胡某茜；并规定《家庭教育令》有效期一年，在裁定失效前，胡某茜本人或密切接触胡某茜的单位，可以根据实际情况向人民法院提出申请撤销、变更或者延长《家庭教育令》；如义务履行人陈某违反裁定，视情节轻重，予以训诫、罚款、拘留；构成犯罪的，依法追究刑事责任。①

另据报道，《家庭教育促进法》实施后，江苏、安徽、福建、重庆、北京等地也陆续在处理相关案件时发出责令接受家庭教育指导令、要求签订家庭教育责任告知书和承诺书等。

另据相关报道，2022年1月22日，南京市检察机关发出检察机关的首份《家庭教育令》。

相关报道说，2022年1月，南京市江宁区检察院在办理一起侵害未成年人犯罪案件时，承办检察官经阅卷审查、走访被

---

① 《湖南省长沙市天心区人民法院发出〈家庭教育令〉》，新华网，2022年1月6日。

害人家庭、询问社区民警等工作，得知被害人小玲系家中独女，且因其系父母中年得女，一直受到父母娇惯宠溺，物质满足较多，而精神引导和情感温暖较少。

报道称，案发前，被害人正值青春期，而父母忙于工作，疏于沟通，未能及时、全面关注其生理、心理状况和情感需求，未能对其进行及时、必要的性教育、安全教育，导致其自我保护意识和能力较差，多次夜不归宿，受到性侵害。

2022年1月1日，《家庭教育促进法》正式实施，从法律上明确家长在家庭教育方面的主体责任。报道称，承办检察官认为，该案中未成年被害人小玲的父母未能依法履行监护职责，家庭教育存在严重问题，应当予以纠正。江宁区检察院依法向小玲父母送达《家庭教育令》，责令小玲父母限期接受专业的家庭教育指导。1月22日下午，江宁区检察院邀请南京幸福家社会工作服务中心的家庭教育专业人员为小玲父母开展首次家庭教育指导。在接下来的一年中，承办检察官将联合司法社工、家庭教育指导师向小玲的父母定期提供一对一的帮助和指导，补上缺失的"家庭教育课"。①

二、国家部门的规划支持与财力保障

国家支持，不管在前端、中段还是末端，都得先有工作计划，后有资金支持。否则，国家支持就可能停留在理念阶段，无力

---

① 《南京江宁检察院发出全市首份〈家庭教育令〉》，新华网，2022年01月25日。

走向千家万户。这部法律在这个方面的规定虽然字数不多，却是最有"含金量"的条款。

总则第七条明确规定："县级以上人民政府应当制定家庭教育工作专项规划，将家庭教育指导服务纳入城乡公共服务体系和政府购买服务目录，将相关经费列入财政预算，鼓励和支持以政府购买服务的方式提供家庭教育指导。"将家庭教育指导服务纳入城乡公共服务体系和政府购买服务目录，以财政预算的形式保障相关经费的落实，这就可以避免国家支持家庭教育成为口惠而实不至的一般倡导，给县级以上各级政府拿出真金白银支持家庭教育规定了清晰明确的法律责任。

值得注意的是，这些条款并非空穴来风，既有《中国儿童发展纲要（2011-2020年）》等政府文件规定在先，又吸纳了近十多年一些地方实践与探索的经验，因此应当有实实在在的引导力和可行性。

国务院颁布的《中国儿童发展纲要（2011-2020年）》[1]和国家七部委颁布的《关于指导推进家庭教育的五年规划（2011-2015年）》[2]均提出了"将家庭教育指导服务纳入城乡公共服务体系"的要求。

---

[1] 国务院关于印发《中国妇女发展纲要》和《中国儿童发展纲要》的通知，中华人民共和国中央人民政府官网，http://www.gov.cn/gongbao/content/2011/content_1927200.htm，2011年07月30日。

[2] 全国妇联 教育部 中央文明办 民政部 卫生部 国家人口计生委 中国关工委关于印发《关于指导推进家庭教育的五年规划（2011-2015年）》的通知，中华人民共和国教育部官网，http://www.moe.gov.cn/jyb_xxgk/moe_1777/moe_1779/201206/t20120625_138245.html，2012年06月25日。

在实践上广东中山和江苏苏州,先后将这样的理念变成了实实在在的做法与惠民工程,将家庭教育纳入公共服务体系,并以财政支出加以保障,收到良好的效果。

根据《我国家庭教育指导服务现状调查报告》中的数据,广东省中山市从 2011 年起就由政府财政投入家庭教育专项经费,市、镇两级财政以全市中小学幼儿园(含公办、民办、职中、技校等)生均经费标准的形式,投入家庭教育工作经费,每年仅各镇(区)投入家庭教育经费就超过 1 千万元。此外,还有若干个专项经费投入支持市级家庭教育指导服务工作。①

江苏省苏州教育局落实习近平总书记"要重视家庭建设,注重家庭、注重家教、注重家风"②的重要论述和教育部《关于加强家庭教育工作的指导意见》,在原有家庭教育工作基础之上,推动政府通过将家庭教育与学校教育一样纳入公共服务体系,并在政策、财政上给予基本投入和保障,努力统筹协调各类社会资源,加快形成家庭教育社会支持网络。

通过行政推进、学校参与、社会支持的方式,苏州将中小学家庭教育课程项目纳入政府公共服务体系。自 2016 年起,苏州市政府对该项目连续三年分别投入 1200 万元、1492 万元、1492 万元,总计达 4184 万元,惠及全市 100 万个学生家庭,家庭教育指导成为政府主导、各部门合作的"大戏""大合

---

① 《苏州 2016 年政府实事项目申报表——"家校同心、携手共赢"家庭教育提升工程》,苏州教育局提供。

② 《习近平在 2015 年春节团拜会上的讲话》,人民网,http://cpc.people.com.cn/n/2015/0218/c64094-26581566.html,2015 年 02 月 17 日。

唱"。该项目的实施,初步形成具有区域特征的家庭教育的苏州形态,为我国经济发达地区推进家庭教育提供了可参照实施的样本。①

各地的经济发展水平不同,地方政府可支配财力也有大有小,但是《家庭教育促进法》规定的纳入公共服务和提供财政支持的基本原则,都应当逐步加以落实。

三、国家提倡和鼓励社会力量支持家庭教育

(一)一个提倡

群团组织和基层组织要形成对于家庭教育的社会协同。《家庭教育促进法》第九条规定:"工会、共产主义青年团、残疾人联合会、科学技术协会、关心下一代工作委员会以及居民委员会、村民委员会等应当结合自身工作,积极开展家庭教育工作,为家庭教育提供社会支持。"随着这部法律逐渐广为人知,上述群团组织和基层组织或快或慢,会把开展家庭教育指导服务工作列入年度计划或者活动清单。

(二)三个鼓励

首先,鼓励社会举办家庭教育活动。

《家庭教育促进法》第十条规定:"国家鼓励和支持企业

---

① 《新时代、新作为,共筑美好教育新家园——苏州市中小学家庭教育工作汇报》(2019年1月),苏州教育局提供。

事业单位、社会组织及个人依法开展公益性家庭教育服务活动。"第三十七条规定:"国家机关、企业事业单位、群团组织、社会组织应当将家风建设纳入单位文化建设,支持职工参加相关的家庭教育服务活动。文明城市、文明村镇、文明单位、文明社区、文明校园和文明家庭等创建活动,应当将家庭教育情况作为重要内容。"相信,这项规定落地生根后,家庭教育服务活动将成为更加普遍、常见的社会活动内容。但是活动的深度、专业性和效果,则在很大程度上取决于家庭教育专业力量的服务水平。

其次,鼓励高校开展家庭教育研究和专业人才培训。

《家庭教育促进法》第十一条规定:"国家鼓励开展家庭教育研究,鼓励高等学校开设家庭教育专业课程,支持师范院校和有条件的高等学校加强家庭教育学科建设,培养家庭教育服务专业人才,开展家庭教育服务人员培训。"这条规定指向两个方面的内容,一是家庭教育专业知识体系的继续生成,二是家庭教育专业人才的培养。就高校和研究机构而言,两者都很重要,但是从逻辑关系而言,前者是基础与前提,后者是应用与延伸。

国家支持家庭教育,离不开家庭教育专业研究者、学术机构和高校这支力量。这一部分人群人数可能并不多,却处于家庭教育知识生产的核心,类似于自然科学的基础研究者。家长能否得到优质的家庭教育支持,相当程度上取决于专业研究者能否提供高水平的"底层逻辑"框架。目前,家庭教育领域的研究日渐增多,出版物也层出不穷。接下来,提高家庭教育的基础研究和专业开发面临着"强本固基"的挑战。

从学术研究的角度，高校和研究机构的任务非常繁重与艰巨，因为从目前中国家庭教育的知识体系现状看，不仅应继续加强应用性研究，还应当在家庭、教育、家庭教育这三个相关领域加强原理性研究；不仅可继续译介心理学、脑科学的新知，也要向五千年人类文明积淀找寻经得起时间考验的教育智慧，汲取文明赖以存续的优美精髓；不仅应为当代家庭教育名家提供有氧空间，也当向过往的中外大家学习，与人类最伟大的灵魂做几番跨时空的真切交流。

中国古代一些学者在复兴儒学时，曾提倡上古朴质之学，其意有二，一是从要义上回归孔孟至董仲舒的儒学原典，二是文风上返璞归真。这是很有启发性的。任何一次、任何一种文化的复兴，就是借助对历史上和其他文化形态的优质资源的发现与钻研，助力解决当代问题，从而实现新的文化创造。新时代的中国家庭教育要达到一个新高度，也不外乎三个维度的立体推进：努力触摸过往、中外家庭教育达到的历史高点，深刻洞察当下家庭教育独特任务，作几番融合与创造，给出最有力的新时代回答。这个新时代的回答，如果富有思想深度、形式简单而质朴，则更易于服务当代家长。有了这样的"底层逻辑"，家庭教育能够真正提升家长素质，帮助家长解决问题，家庭教育指导与服务效果才能持久，这是专业研究者对家长的最好支持。

(三) 鼓励捐赠和志愿服务

《家庭教育促进法》第十二条规定："国家鼓励和支持自然人、

法人和非法人组织为家庭教育事业进行捐赠或者提供志愿服务,对符合条件的,依法给予税收优惠。国家对在家庭教育工作中做出突出贡献的组织和个人,按照有关规定给予表彰、奖励。"

这项规定字数不多,却是国家对家庭教育公益性的强调,也是对国际通行经验和普遍做法的吸纳。目前,中国家庭教育的知识资源、人力资源、服务提供,总的来说与社会需求和公众需要相比,不仅数量不足,质量也有待提高。通过税收优惠等社会政策,让更多的资源流入家庭教育,让更多高素质的社会人投身到家庭教育中,为社会提供更多的优质家庭教育资源和服务,远远比仅仅依赖和依靠几个部门的力量要有效得多。当然,这一规定要落地生根路还很长,特别是有待于国家有关财税部门出台具体的实施细则。在这个方面,既要立足于中国的国情,也要充分吸纳欧美等先行一步国家的成熟经验;既要挖掘国字号的大型公益组织投身家庭教育事业的潜力,更要通过实实在在的鼓励性政策培育更多草根型的社会公益机构投身家庭教育事业。

此外,全球性的"国际家庭日"写入《家庭教育促进法》,是中国与世界接轨的又一体现,有助于通过这一节日,宣传家庭教育,促进家庭建设。

四、国家分级建设上下协同的服务体系

家庭教育服务体系建设是国家支持家庭教育的重点内容,《家庭教育促进法》从国家层面、省级层面和县级层面展开,进行了整体设计和比较详细的规定。

（一）国家层面

《家庭教育促进法》第二十四条规定："国务院应当组织有关部门制定、修订并及时颁布全国家庭教育指导大纲。"

2010年2月，我国首份家庭教育指导性文件《全国家庭教育指导大纲》[①]（以下简称《大纲》）发布，阐述了各年龄段家庭教育的要点。《大纲》体现了科学的家庭教育理念，对于进一步加强家庭教育理论体系建设，规范家庭教育指导内容和要求，提高家庭教育的科学性、针对性、实效性具有重要意义。之后，对《大纲》进行了修订，并于2019年5月颁布《全国家庭教育指导大纲(修订)》[②]。随着中国家庭建设面临的挑战日益加剧，依法不断修改，将是国家支持与引导家庭教育的重要手段。随着这个《大纲》写入这部法律，并作为家庭教育服务体系在国家层面的体现，公众和家庭教育领域对于《大纲》的期待将会水涨船高。

（二）省级层面

《家庭教育促进法》规定："省级人民政府或者有条件的设区的市级人民政府应当组织有关部门编写或者采用适合当地

---

① 《全国妇联 教育部 中央文明办 民政部 卫生部 国家人口计生委 中国关工委关于印发〈全国家庭教育指导大纲〉的通知》，中华人民共和国教育部官网，2010年02月08日。

② 《全国家庭教育指导大纲（修订）》，中国关心下一代工作委员会官网，2019年05月14日。

实际的家庭教育指导读本，制定相应的家庭教育指导服务工作规范和评估规范。"

推出家庭教育读本是目前各地通行的做法。报媒体报道，江苏省人大代表，淮安市实验小学幼儿园园长、党支部书记倪春玲在 2022 年初的全省人代会期间表示，《家庭教育促进法》已于 2022 年 1 月 1 日起施行，江苏是教育强省，建议尽早启动宣传、推动落实，我们省政府也可以组织有关部门编写家庭教育指导用书，从而给予规范的评估和指导。① 这位省人大代表的建议就体现了这种社会认知。

该法条款中提出"适合当地实际"的要求很有针对性。这种针对性，应当既包括城乡、区域、民族的不同情况，也包括贴近千家万户的实际需求。"编写与采用"这两个选项也很重要。如果硬性规定各省都要编写本省的指导读本，可能会带来相当程度的重复建设、不同省份指导读本的高度雷同，费时又费力。相反，如果情况相近的省份采用同样的读本，既能够让优质读本脱颖而出，也能最大限度地避免浪费。

《家庭教育促进法》第二十五条规定："省级以上人民政府应当组织有关部门统筹建设家庭教育信息化共享服务平台，开设公益性网上家长学校和网络课程，开通服务热线，提供线上家庭教育指导服务。"家庭教育的信息化建设以省为单元来开展，既避免全国一张网的不切实际，也避免了县县都搞自己的家庭教育网络的重复建设。

---

① 《为民"代言"，江苏省人大代表今日报到！》，新华网，2022 年 1 月 19 日。

(三）县级层面

《家庭教育促进法》第二十七条规定："县级以上地方人民政府及有关部门组织建立家庭教育指导服务专业队伍，加强对专业人员的培养，鼓励社会工作者、志愿者参与家庭教育指导服务工作。"明确了县级政府在家庭教育服务体系中的责任，就是以县为主体进行家庭教育指导服务专业队伍建设。第二十八条规定："县级以上地方人民政府可以结合当地实际情况和需要，通过多种途径和方式确定家庭教育指导机构。家庭教育指导机构对辖区内社区家长学校、学校家长学校及其他家庭教育指导服务站点进行指导，同时开展家庭教育研究、服务人员队伍建设和培训、公共服务产品研发。"

需要指出的是，家庭教育指导机构在《家庭教育促进法》中占据举足轻重的位置。从法条上看，家庭教育指导机构的功能是立体的，至少包括五种"第一是一定的家庭教育服务职能，也就是直接开展家庭教育服务；第二是对于更基层的家庭教育服务机构进行指导；第三是开展家庭教育研究；第四是进行服务人员队伍的建设与培训；第五是公共服务产品研发。如此多重、立体的职能，对于家庭教育指导机构的专业性、政策性、公益性、学术性、教育性提出相当高的要求。从国际经验来看，家庭教育指导机构立足的关键是过硬的专业水平、高水平的研究能力、经得起实践检验的指导能力、足够的政策水平。从中国的国情和现实来说，这样的指导机构可能会比较多地设立在教育和妇联系统，也当从更有效促进家庭教育事业健康发展的共同目标出发，进行多元、有益的探索。因此，如何建设好家庭教育指导机构,从而有效实现这些职能,有待于有关方面整合专家资源与专业力量,吸收国际成熟经验,尽快出台进一步的细则与方案。

《家庭教育促进法》第二十六条规定:"县级以上地方人民政府应当加强监督管理,减轻义务教育阶段学生作业负担和校外培训负担,畅通学校家庭沟通渠道,推进学校教育和家庭教育相互配合。"这一条的提出可以说是与时俱进,"双减"政策如果切实有效,可以为家庭教育开拓更大的空间。

五、国家向困难群体提供家庭教育服务

在该法立法调研阶段就有专家提出,因为经济困难、人口流动、家长与子女疏离等原因,留守儿童家长是最有家庭教育客观需求的群体,也是家庭教育最容易缺位和最难以保障的群体。国家应对这部分有特殊需要的困难儿童家庭给予倾斜保障,采取特别措施,作出特别回应,有针对性地制定特别的支持、指导、服务方案。《家庭教育促进法》充分体现了这一点。

《家庭教育促进法》第二十九条规定:"家庭教育指导机构应当及时向有需求的家庭提供服务。对于父母或者其他监护人履行家庭教育责任存在一定困难的家庭,家庭教育指导机构应当根据具体情况,与相关部门协作配合,提供有针对性的服务。"第三十条规定:"设区的市、县、乡级人民政府应当结合当地实际采取措施,对留守未成年人和困境未成年人家庭建

档立卡，提供生活帮扶、创业就业支持等关爱服务，为留守未成年人和困境未成年人的父母或者其他监护人实施家庭教育创造条件。教育行政部门、妇女联合会应当采取有针对性的措施，为留守未成年人和困境未成年人的父母或者其他监护人实施家庭教育提供服务，引导其积极关注未成年人身心健康状况、加强亲情关爱。"

需要提醒的是，对于困难群体的家庭教育服务是更专业的专业服务，也可以说是难度最大的专业服务。在这样的专业服务中，既要履行好部门的指导职责，可以由妇联和教育部门组织系统内指导机构直接提供服务，也要有效运用好社会上更加专门、专业化的公益组织的作用。

六、国家培育引导和监督家庭教育服务组织

家庭教育服务组织与从事服务的专业工作者是家庭教育服务的最末端，也可以说是国家支持家庭教育的"最后一公里"。将国家支持家庭教育比喻为一过程、三阶段，家庭教育服务组织和个人实实在在处于最后的阶段，也是最终实现的阶段，绝大多数的家庭教育服务的质量与效果，取决于这个末端的服务态度与水平，其重要性怎么强调都不过分。

（一）服务机构的设立

《家庭教育促进法》第三十六条规定："自然人、法人和非法人组织可以依法设立非营利性家庭教育服务机构。县级以

上地方人民政府及有关部门可以采取政府补贴、奖励激励、购买服务等扶持措施,培育家庭教育服务机构。"这里规定了服务机构的设立,也规定了县级以上政府对于服务机构的培育与鼓励职责。这里规定的扶持与培育措施,与该法第十二条内容形成呼应关系。不同的是,这里的扶持是指政府补贴、奖励激励、购买服务等更灵活的形式,如果落实得好,都可以起到同样的作用,成为更多更好的家庭教育服务的"促产士"。接下来,各地能否催生和培育好一大批优质家庭教育服务机构,在相当程度上取决于地方政府能否将第十二条和第三十六条内容落到实处。

(二)服务机构的指导监督

《家庭教育促进法》规定:"教育、民政、卫生健康、市场监督管理等有关部门应当在各自职责范围内,依法对家庭教育服务机构及从业人员进行指导和监督。"

促进家庭教育,离不开从事家庭教育服务的社会力量的支持。这包括从事相关服务的公司、企业、机构等,它们提供的应当是公益性的家庭教育指导服务,但是在实施过程中会带着不同的市场化色彩。众多市场主体和市场意识、市场手段是改革开放的产物,也是促进社会发展的劲旅与资源。市场化服务的社会力量有不同寻常的优势,包括对于作为需求端的家长消费心理的高度敏感、强大的产品策划与制作能力、强劲的营销意识与能力。要想让这些市场化服务的优势特点在支持家长开展家庭教育中,成为正面和持续促进的力量,并不是无为而治、顺其自然就可以达成的。

家庭教育产品与服务有很强的知识属性，因此必须有相当的真理含量。家庭教育也是爱的教育，其情感特征要求家庭教育服务要坦诚、能安慰人，有实实在在的公益属性。因此，好的家庭教育服务，务必不能以焦虑营销开拓市场，也不能以一味刺激需求来扩大产品营收效益。《家庭教育促进法》第五章"法律责任"给家庭教育服务机构划出明确的红线。在红线之内，国家应当促进家庭教育的行业自律。

最后需要提醒的是，全面落实国家支持和促进家庭教育的法定职责，依法促进家庭教育有三点特别重要。一是主动作为。教育是百年树人的良心活儿，与学校教育相比，家庭教育的效益难以短时间体现，也不容易出政绩，需要相关责任部门与人员凭着高度的责任心，主动、依法开展家庭教育促进工作。二是要有所不为。《家庭教育促进法》在立法过程中，名称从《家庭教育法》改为《家庭教育促进法》，并不仅仅是名称的改变，而是体现了立法者听取社会各界反馈意见后形成的深刻认识与界限把握。国家的公权力如何通过有效的服务与规范，对在家庭这个私领域中实施的家庭教育进行支持和引导，这体现出国家与家庭在家庭教育中的分工与合作。把握和实施好这种分工与合作，就能够让公权力成为促进家庭教育发展的要素。三是要注重实效。客观地讲，一项重要的家庭教育工作，从国家有关部门这个"起点"到家长这个"神经末梢"，有一段不短的运营距离，如果不把支持家长作为"初心"和最终目的，各种资源和力量可能在运营过程当中就消耗得差不多了。所以注重实效、避免空转,也是在落实《家庭教育促进法》过程中各级政府的每个相关部门、家庭教育指导机构、家庭教育服务机构和专业工作者,须臾不可忘记的。

(作者鹿永建为中国教育学会家庭教育专业委员会常务副理事长)

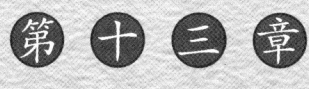

家庭教育的社会协同

重视家庭教育是中华民族的传统美德，全社会应共同建设家庭教育的支持系统。《中华人民共和国家庭教育促进法》（以下简称《家庭教育促进法》）规定家庭教育当"引导全社会注重家庭、家教、家风，增进家庭幸福和社会和谐"，明确了家庭教育是全社会的共同职责，关心家庭教育、支持家庭教育、宣传家庭教育、服务家庭教育是全社会的共同责任。推进家庭教育工作的重要环节是建立健全家庭、学校、社会协同育人机制。《家庭教育促进法》明确了教育部门、妇联统筹协同社会资源，协同推进覆盖城乡的家庭教育指导服务体系，明确规定"国家鼓励和支持企业事业单位、社会组织及个人依法开展公益性家庭教育服务活动"，明确界定了家庭教育指导服务的公益性质，明确规定了各级政府、社会组织和机构、群众团体、工会群团组织等"结合自身工作，积极开展家庭教育工作，为家庭教育提供社会支持"的基本职责。在孩子成长的路上，每一位父母均需要得到不同程度的启迪与帮助，必须动员全社会的力量，共同营造关心支持每个家庭科学开展家庭教育的良好氛围。

《家庭教育促进法》第三十九条规定："中小学校、幼儿园应当将家庭教育指导服务纳入工作计划，作为教师业务培训的内容"。在此，法律明文规定家庭教育指导服务是中小学、幼儿园整体工作的一个重要部分，也明确提出了是教师业务培训的重要内容，中小学、幼儿园教师必须接受家庭教育指导服务方面的专业培训。《家庭教育促进法》第四十条规定："中小学校、幼儿园可以采取建立家长学校等方式，针对不同年龄段未成年人的特点，定期组织公益性家庭教育指导服务和实践活动，并及时联系、督促未成年人的父母或者其他监护人参加。"该条规定重申了中小学幼儿园家长学校是开展家庭教育指导服务的重要阵地，家长学校的工作应充分尊重未成年人的年龄特点。此外，在强调家长学校针对性的同时又强调了家长学校的规范性和公益性，同时要求学校应当联系、督促未成年人父母和监护人参加家长学校组织的活动。《家庭教育促进法》第四十一条规定："中小学校、幼儿园应当根据父母的需求，邀请有关人员传授家庭教育理念、知识和方法，组织开展家庭教育指导服务和实践活动，促进家庭与学校共同教育。"该条文强调了家庭教育指导服务应尊重家长的需求，邀请专门人员组织开展家庭教育指导服务和实践活动。在此，将指导服务与实践活动相提并论，凸显了家庭教育指导服务的创新内涵、社会内涵、时代内涵。家庭教育指导服务涉及理念、知识与方法，是一项专业性质较浓的事业，需要中小学、幼儿园相关工作者以专业的精神、专业的态度、专业的投入去认真对待。家庭教育指导服务需要促进家庭与学校共同教育。中小学、幼儿园是家庭教育指导服务的重要部门，中小学、幼儿园教师是专门的教育工作者，是家庭教育指导服务的专业人员。未成年人的父母应建立起学校教育的信心，敬重专业人员，改善家校的关系。

《家庭教育促进法》第三十八条规定："居民委员会、村民委员会可以依托城乡社区公共服务设施，设立社区家长学校等家庭教育指导服务站点，配合家庭教育指导服务机构组织面向居民、村民的家庭教育知识宣传，为未成年人的父母或者其他监护人提供家庭教育指导服务。"该条文规定城乡社区是家庭教育指导服务的重要力量，社区家庭教育指导服务具有公共服务性质。社区家长学校是开展家庭教育指导服务的重要阵地，社区家庭教育指导服务的对象是本社区的成员，主要是未成年人的父母和其他监护人。

《家庭教育促进法》第四十六条规定："图书馆、博物馆、文化馆、纪念馆、美术馆、科技馆、体育场馆、青少年宫、儿童活动中心等公共文化服务机构和爱国主义教育基地每年应当定期开展公益性家庭教育宣传、家庭教育指导服务和实践活动，开发家庭教育类公共文化服务产品。广播、电视、报刊、互联网等新闻媒体应当宣传正确的家庭教育知识，传播科学的家庭教育理念和方法，营造重视家庭教育的良好社会氛围。"该条文明确了公共文化服务机构和爱国主义基地也应定期开展家庭教育指导服务活动，宣传正确的家庭教育知识、科学的家庭教育理念与方法，并开发家庭教育类公共文化服务产品，营造重视家庭教育的良好社会氛围。

一、中小学校、幼儿园家庭教育指导服务[①]

家庭教育指导服务是指相关机构和人员为提高家长教育子女能力而提供的专业性支持服务和引导。家庭教育指导服务工

---

① 参见缪建东：《家庭教育学》，高等教育出版社，2015年1月第2版，第332-342页。

作应坚持以下基本原则①。

思想性原则。遵循党的教育方针,以促进儿童全面健康成长为目标,以立德树人为根本任务,通过实施科学的家庭教育指导服务,推进家庭教育在培养德智体美劳全面发展的社会主义建设者和接班人中发挥重要基础作用。

科学性原则。遵循家庭教育规律,为家长提供科学化、专业化、规范化的指导服务,家庭教育指导服务机构和指导者应具备相应的专业资质和能力。儿童为本原则。尊重儿童身心发展规律和个体差异,创设适合儿童成长的必要条件,保护儿童各项权利,促进儿童自然、全面、充分、个性发展。

家长主体原则。确立为家长服务、提供支持的观念,尊重家长意愿,坚持需求导向,调动家长参与的积极性;引导家长注重提升自身素质,注重家庭建设和良好家风传承,促进亲子互动共同提高。

(一)幼儿园应如何开展家庭教育指导服务

幼儿园开展家庭教育指导服务,旨在帮助父母确立起立德树人的基本立场,发现自己的孩子,尊重孩子的个性,认识孩子的差异,帮助孩子树立生活理想、养成良好品德、形成良好生活与学习习惯,丰富家庭的生活,帮助于更多的父母形成科学健康的家庭教育观念。

1.帮助父母确立立德树人的基本立场

---

① 全国妇联、教育部等:《全国家庭教育指导大纲(修订)》,2019年5月14日。

在一些人看来，结婚生子、成为父母似乎是个人非常自然的事情，有了孩子自然就懂家庭教育，而家庭教育的开展是自己家庭内部的私事，与外人无关，这是一种错误的认识。现实生活中，有国才有家，没有国就没有家，家无法脱离国而存在，因而家庭教育既是家事也是国事，家庭教育是"为国教子"，是为未来社会培养合格的建设者和接班人。

家庭教育是人一生中开始最早且延续终身的教育，对人的影响最大。家庭教育的主要任务是健全人格养成，教育是一项树人的事业。在家庭教育指导服务工作的开展中，需要让父母明确家庭教育应以立德树人为旨归。

2. 帮助父母了解儿童身心发展的规律

年轻的父母在养育孩子的时候需要自觉地学习科学育儿的知识，提高自己的教养能力。孩子身心发展的知识能够帮助父母科学认识儿童、全面理解儿童，并给年轻的父母提供观察儿童、分析儿童的工具，也使父母在教育的过程中有章可循，并有助于增强父母的教育信心。

在个体的成熟过程中，第一次心理断乳发生在 2~3 岁之间，即婴儿期向幼儿期的过渡时期。第二次心理断乳发生在 13~14 岁之间，即童年期向学龄期的过渡时期。其共同之处就在于个体具有强烈的反抗意识，孩子变得任性、固执，出现逆反心理，给孩子的抚养和教育带来极大的挑战。

父母要正确认识这个特定时期幼儿行为背后的心理机制，为实施正确的教育指导找到方向。首先是深入了解，父母要了解这个阶段孩子的心理变化，明确这是孩子发展的必然阶段，这个时期的孩子独立意识异常强烈，这种强烈的独立意识迫使父母第一次从心理上和孩子"断乳"。其次是积极面对，父母要积极面对来自孩子发展的挑战，用科学的方法引导孩子迈过这一成长的门槛。要分析孩子的行为，孩子能做到的事情要允许孩子去完成，并鼓励孩子的探索行为。

3. 帮助父母充分了解做父母的意义与职责

做父母有一个探索的过程。孩子处于儿童期的年轻父母可能还没有转换角色，父母的角色意识还不够强烈，甚至还生活在疑惑之中，"我真的有自己的孩子了？"因此对抚养孩子过程中的困难估计不足，当遇到挫折时容易出现焦躁情绪。要让年轻父母知道，抚养孩子是做父母的职责，也是一件耗费精力、财力和时间的事情；但是当父母怀抱着自己的孩子凝视着他多变的表情的时候，心中荡漾的往往是一股幸福的暖流。因此，有人把抚养孩子称之为"甜蜜的负担"。父母的教育角色在很多的情况下是对自我的教育、挑战和超越，只有自己有了良好的生活态度和积极的心态和行动，孩子的教育才有了榜样和氛围的保证。

教育孩子需要不断学习。牢固树立教育孩子需要持续学习的观念。父母作为孩子的第一任老师不是天然形成的，是不断学习的结果。在当今社会，做很多事情都需要专业机构认可的资格证书、执照等，如驾驶汽车，但比驾驶汽车更复杂、难度系数更大的对孩子的教养却不需要任何资质。只要母亲十月怀胎，一朝分娩，当孩子呱呱坠地时年轻人似乎就顺理成章地成为了父母，但并非所有父母都能够成为正确引导孩子健康成长的合格引路人。

在生活过程中完成对孩子的教育。父母作为孩子潜移默化的教育者，这个角色的转换并非要求父母要像学校老师一样地有计划、有步骤地对孩子进行规范的教育。在家庭中，教育是伴随着生活过程的展开而进行的。孩子的主要学习特征是模仿，而最容易让孩子模仿的对象就是父母。通过在生活中观察父母不经意间的动作、言辞、对别人的态度等等，孩子会在不知不觉中吸收和消化。有些父母意想不到的因素也会影响到孩子，父母的素质还会以社会化的形式影响或传递给孩子。因此，父母对孩子的影响会超过生物性的遗传，其影响往往超出了父母的想象。

4. 帮助父母养成协同育儿的能力

父母要有比较清醒的认识，意识到任何有能耐的父亲或母亲单方面以及仅靠父母的努力是不足以承担起教育孩子的职责的。家庭教育的过程不是某个成人的事情，而是所有的成人协同工作的结果，他们协同工作的成果是良好、温馨、积极的家庭氛围。

在家庭内部的协作中，首先是夫妻的协作。夫妻关系是家庭中的基本关系，也是家庭生活的基础。夫妻关系的质量决定了家庭生活的质量。即使关系和谐的夫妻在生活中也不一定对于每件事情都能够达成一致，但是他们在处理问题时具备足够的弹性，并能够处理出现的分歧。其次，父母要能智慧地处理和各自原生家庭的关系，主要是与孩子的祖父母和外祖父母的关系。当第三代人出现时，由于大部分家庭中的父母都是双职工，致使孩子的抚养需要得到原生家庭的协助。这样就出现了年轻父母和祖辈之间教育观念和教育方式的差异。

因此,年轻的父母要具备协调家庭成员之间关系的能力,使家庭成员在教育的观念和方法上能达成一定的共识。首先,年轻的父母要注意协商一致,他们先要在孩子的教育问题上达成一致。由于夫妻双方都有自己的教育观念和教育习惯,此时就需要彼此在认真聆听对方对教育的担忧和期望的前提下,通过协商达成一致。其次,在夫妻达成一致后要努力和祖辈进行沟通,争取与祖父母在家庭教育目标上达成一致,方法趋于认同。

5. 帮助父母进行幼小衔接

孩子进入托儿所或幼儿园对儿童期的孩子来说是走出家门的第一次跨越。此时孩子面临的挑战是：脱离熟悉和安全的家庭小环境,开始过集体生活。按时上学的习惯、集体生活的适应、脱离父母的监护等是集体生活的共同特点。因此,越来越多的父母需要对孩子的抚养教育转变新的方式。

当孩子进入托幼机构后,父母不要误以为从此教育就有了责任主体,父母还是教育孩子的第一责任人。其实,进入托幼机构,孩子的教育需要父母和专业机构的配合才能完成,这个时候需要父母和托幼机构保持密切的联系,让托幼机构了解孩子的个体情况。同时,父母也应该了解托幼机构的具体要求和教养目标,做到家庭和幼儿园的要求一致,父母应该积极配合托幼机构提出的合作要求,听从专业机构对孩子成长和教育的指导。

孩子处于儿童期的父母,在这个阶段的后期要开始为孩子进入小学教育做好准备,其中最重要的一条就是培养孩子对学校和学习的兴趣。孩子对学校和学习的兴趣培养可以通过参观学校、父母为孩子树立学习的榜样、预先在家中预演可能遇到的上学困难,如上课的时间限制、与小朋友相处、自我介绍等细节去完成。

为上学做好准备的第二个重要方面是孩子必须面对的自理能力的养成。要在家庭中强化训练那些与孩子生活息息相关的技能,它们包括:如何穿衣服,如何系鞋带;如何使用学校的便器,如何使用卫生纸;如何吃饭;如何洗脸、洗手、漱口等;如何在游戏和交谈中注意秩序和礼貌;如何理解老师的指令;如何独立完成力所能及的事情,如打扫卫生、整理桌面等。

(二)中小学校应如何开展家庭教育指导服务

中小学校开展的家庭教育指导服务,将有助于更多的父母树立正确的教育观和发展观,从学科取向、分数取向、单一评价取向中迅速解脱出来;有助于更多的父母找到自己的位置,明确自己的家庭教育责任与方向;改变唯孩子至上、唯学习至上、唯分数至上、唯名校至上的家庭教育错误倾向,还家庭教育立德树人的本来面貌。

1. 帮助父母确立起全面发展的教育观

要在家庭中培育和践行社会主义核心价值观,引导家庭成员特别是下一代热爱党、热爱祖国、热爱人民、热爱中华民族。要积极传播中华民族传统美德,传递尊老爱幼、男女平等、夫妻和睦、勤俭持家、邻里团结的观念,倡导忠诚、责任、亲情、学习、公益的理念，推动人们在为家庭谋幸福、为他人送温暖、为社会作贡献的过程中提高精神境界、培育文明风尚。

在思想品德教育方面，父母要重视孩子思想品德的培养，克服重智轻德的倾向；提高孩子的道德认识，创造条件让他们在获得感性经验的基础上加深对抽象概念的理解，及时帮助孩子澄清模糊概念；注意与孩子的情感沟通，以民主、平等的姿态与他们进行交流，在丰富的家庭活动中有意识地增加孩子的情感体验；加强对孩子道德意志，特别是抗诱惑力的锻炼，为他们树立道德意志的榜样，帮助他们学会有目的地制订道德意志锻炼计划。要有计划、有目的、坚持不懈地培养孩子的道德习惯，适时地给予赞赏、鼓励和奖励并提出希望，及时纠正不良习惯。"指导家长提升自身道德修养，处处为儿童做表率，结合身边的道德榜样和通俗易懂的道德故事，培养儿童良好的道德行为习惯；创设健康向上的家庭氛围；与学校、社会形成合力，净化家庭和社会文化环境；从大处着眼，从小事入手，及时抓住日常生活事件教育儿童孝敬长辈、尊敬老师，学会感恩、帮助他人，诚实为人、诚信做事。"①

2. 指导父母帮助儿童适应学校生活

随着进入学校，孩子的物质环境、精神环境以及老师、同伴、主导活动、一日生活制度等都发生了变化，且规则、要求也有很大不同，所以有个逐步适应与调整的问题。父母则要认识和理解学校教育系统的基本理念、做法与要求，与学校、教师建

---

① 全国妇联、教育部等：《全国家庭教育指导大纲（修订）》，2019年5月14日。

立新的联系，需要重新认识子女，帮助他们尽快克服种种不适应，调整生活节奏，保持良好情绪，完成从幼儿到小学生的转换，从而顺利进入小学阶段的学习与生活等等。这些学生与父母将面临的新情况、新问题都是学校及教师在实际指导工作中应努力研究和解决的。

入学后，大部分孩子很快能适应崭新的学校生活，但是也有一些不能正常适应的，如果长时间出现不能适应学校生活的现象，则表明孩子在学校生活中遇到了困难。这些困难包括：出现行为倒退，如频繁地吸吮手指，尿床次数增加；放学回家出现明显的情绪波动，如烦躁不安，容易激怒，有攻击性；行为习惯改变；放学后很疲惫或嗜睡；早上起床后经常反映头痛、肚子痛或其他不去上学的客观理由，但是周末早上没有；出现一到周末就会自行消失的身体和心理的问题；个性的明显改变；等等。以上情况如果偶尔出现，则可能是孩子在陌生环境中的正常反应，如果经常出现，或者出现持续的时间较长，那么父母就应该关心孩子在学校的情况了。

父母应积极支持和配合学校，帮助子女认识和理解学生守则、学生日常行为规范等内容，谋求家庭与学校教育合力的形成；要对子女进行自我保护教育，包括交通、游玩、日常生活中的自我防护、躲避意外伤害以及基本的应急措施的教育。

3. 指导父母学习儿童营养保健和个人卫生的知识与技能

父母要按照学校的要求检查督促孩子的卫生状况，逐步养成孩子良好的个人卫生习惯，包括：饭前、便后洗手；每天早上洗脸，晚上洗脚；经常洗澡，换衣服；每天早晚刷牙，饭后漱口；保持正确的坐、立、握笔、看书和写字姿势；控制看书、用电脑、看电视的时间；不用脏手去揉眼睛；等等。

父母应该学习家庭营养保健常识，帮助孩子克服不良的生活习惯，努力改善家庭生活的卫生条件，建立良好的生活规律，培养合乎卫生要求的工作、休息与睡眠方式，注重合理的饮食营养，坚持体育锻炼，促使孩子矫正不良行为，从小养成科学健康的生活习惯。具体包括：提供多样食物，平衡膳食；精心安排早餐；保证睡眠时间；保证每天有适量的户外活动及锻炼时间；等等。"指导家长将生命教育纳入生活实践中，带领儿童认识自然界的生命现象，帮助儿童建立热爱生命、珍惜生命、呵护生命的意识；抓住日常生活事件，增长儿童居家出行的自我保护意识及基本的自救知识与技能；引导儿童树立尊重自然、顺应自然、保护自然的发展理念，养成勤俭节约、低碳环保的生活习惯。"①

4. 指导父母营造良好的家庭生活氛围，培养儿童的劳动习惯

父母应利用生活现实、影视作品中具体、生动、形象的内容帮助子女理解对与错、是与非、善与恶等基本道德观念。在日常生活中，培养子女学会关心、学会爱，能与同伴友好相处。家庭环境对孩子成长具有重要意义。要努力创造良好的情感环境——夫妻和睦、家庭民主、文明友爱、对孩子教养并重，创设良好的道德环境——尊老爱幼、和睦谦让、遵纪守法、敬业

---

① 全国妇联、教育部等：《全国家庭教育指导大纲（修订）》，2019 年 5 月 14 日。

爱家、言传身教，创设良好的学习环境——读书求知的氛围，培养孩子读书的兴趣和习惯。"指导家长将生命教育纳入生活实践中，带领儿童认识自然界的生命现象，帮助儿童建立热爱生命、珍惜生命、呵护生命的意识；抓住日常生活事件，增长儿童居家出行的自我保护意识及基本的自救知识与技能；引导儿童树立尊重自然、顺应自然、保护自然的发展理念，养成勤俭节约、低碳环保的生活习惯。"①

5. 指导父母理解儿童学习的本质

父母应为上学的子女创造良好的家庭学习环境和气氛，包括提供整洁而安静的学习环境，必备的学习用品和材料，同时注意自身的榜样示范等。父母应帮助子女养成良好的学习习惯，包括安排好学习时间，集中精神读书、预习、复习，按时、认真完成作业，爱惜书本和学习用具，自己准备上课用具，等等。父母要努力激发子女的学习兴趣，保护好奇心，提供好书、鼓励阅读，教给基本的学习方法，提供展示学习效果的机会，等等。

父母还需抓住生活中的有利时机开发子女智力，可采用具体、生动、形象或游戏的方式，培养子女的观察力、想象力、记忆力、注意力和思维能力。

6. 指导父母知晓儿童心理健康的知识

父母应该避免重身轻心的教育倾向，帮助子女了解自我，形成正确的自我概念；鼓励子女在生活中与他人交往，通过多

---

① 全国妇联、教育部等：《全国家庭教育指导大纲（修订）》，2019年5月14日。

种方式与同伴建立良好关系并注意培养子女稳定、积极、乐观的情绪从而形成自信、勇敢、不怕困难、不任性等良好个性。

加强学习心理的指导，认识学习成绩是智力和非智力因素综合作用的结果，使他们掌握正确的学习方法、明确学习动机并对成败进行合理归因，促进非智力因素的发展；加强对孩子情绪心理的指导，创设适当环境，丰富他们的情感体验，引导他们学会控制并合理发泄和转移自己的情绪；加强对孩子人际交往特别是同伴交往的心理指导，因为同伴关系是影响学生社会化的重要因素。因此，要教给孩子社交技能，让他们合理处理社交冲突，培养人际交往所必备的心理素质。

7. 指导父母培养儿童的信息素养

"指导家长正确认识媒介对儿童的影响，掌握必要的信息知识与方法；了解儿童使用各种媒介的情况，培养儿童对信息的是非辨别能力和加工能力；鼓励儿童在使用网络等媒介的过程中学会自我保护、自我尊重、自我发展；丰富儿童生活，规范上网行为，预防网络依赖；了解网络沉溺标准，能够在专业机构和人员的帮助下，指导儿童戒除网络沉溺行为。"[①]

8. 指导父母做好家校社协同教育

"指导家长主动与学校沟通联系，了解儿童在学校的学习、生活情况，与学校共同完成相应的教育活动，提高儿童的学习效果；参与学校的家长委员会、家长学校、家长会活动以及亲

---

① 全国妇联、教育部等：《全国家庭教育指导大纲（修订）》，2019年5月14日。

子活动等，自觉接受家庭教育指导服务；积极参与学校管理，主动根据需要联系社会资源，与学校共创良好育人环境。"①

二、城乡社区开展的家庭教育指导服务②

社区是聚居于一定的地域范围内的人们所组成的社会生活共同体。社区具备特定的地域特征、人口特征、空间特征、文化特征和组织特征等。社区是人们生活的基本单位，是空间家园，也是精神家园。社区教育就是指在社区范围内，针对社区成员利用社区资源，有组织、有计划地开展教育活动，旨在提升社区成员的基本素养，丰富社区成员的生活，促进社区成员的身心健康发展。社区教育具有对象广泛性、内容丰富性、形式多样性、资源整合性、主体互补性等特征。社区是开展家庭教育指导服务的重要阵地，主要原因是社区资源十分丰富，社区成员多样，既包括在校学生，也包括父母、其他监护人和祖辈群体等，其空间独到、场所多样、生活多彩。城乡社区推进家庭教育指导服务工作，可以通过社区家长学校的形式开展。

社区家长学校是针对社区家长举办的业余教育机构，旨在通过开展家庭教育宣传，普及家庭教育知识，引导父母树立正

---

① 全国妇联、教育部等：《全国家庭教育指导大纲（修订）》，2019年5月14日。
② 参见杨跃：《社区工作者家庭教育指导教材》，陕西师范大学出版社，2020年版，第101—104页。

确观念，掌握科学的儿童青少年教育、教养方法，以提高父母自身素质、家庭教育质量和家庭生活的幸福感。如今，越来越多的社区都建有社区家长学校，社区工作者可以运用这一平台开展内容丰富、形式多样的家庭教育指导服务活动，帮助社区家长以及成年人树立科学的儿童教育观和家庭教育方法等。家庭教育指导服务活动形式的方法途径有以下几种：

（一）讲座法

讲座法指面向社区家长及其他成年人开设有关家庭教育指导服务的专题讲座。围绕儿童青少年成长中普遍存在的问题进行分析和解决对策的指导，帮助父母全面认识家庭教育的重要性，学习科学的教育方法，全面了解青少年成长发展的规律。以讲座形式面向众多父母进行家庭教育指导服务的专家讲座，可以帮助父母自我反思，认识到自己曾经的家庭教育言行的不当，有助于减少部分父母诸如打骂孩子等不当家教行为。

（二）工作坊

工作坊指对家庭教育中出现的个性化问题，围绕特定主题组织家长工作研讨，邀请对该主题感兴趣的社区家长参与讨论的一种家庭教育指导服务方式。工作坊开展过程中，尽量动员参与的父母能够充分、自由地发言，并且互相发表意见，以生动的方式带动参与者的参与热情，用轻松的方式让参与者学到教育孩子的专门知识。实践证明，家长工作坊在促进家庭之间的联系、家庭教育经验的交流等方面都起到了很好的作用。社区工作者在组织家长工作坊的工作中需要承担活动设计、组织、协调、资源提供等任务。

（三）亲子活动

亲子活动指父母、儿童共同参与的活动。社区工作者及社区家长学校的工作人员可以多组织、设计和开展一些富有实践性、参与性、趣味性的亲子互动活动（如亲子游园、亲子联欢会等），寓教于乐。社区家长学校及其活动既有助于增强父母责任意识，帮助父母转变家庭教育观念、改变家庭教育方式，从而提升家庭教育能力和水平；也有助于促进家庭成员关系的和谐、改善亲子关系。社区家长学校组织的一些主题活动，父母和孩子共同参与，能够极大地改善亲子关系，而亲子关系的改善是一切家庭教育取得成效的前提和根本保障。

（四）小组工作法

小组工作法是借助于小组通过群体的互动来解决问题的一种方法，在小组群体内部，通过面对面的个体互动及经验分享，促进小组成员的改变，协助小组中的个人增强社会生活能力，搭建交流平台并且实现"助人自助"的目的。

比如，成立青少年成长小组。根据社区内青少年的特点，社区工作者可以把具有相似特征或问题的青少年组成小组，以小组工作的形式定期开展活动，从而集中解决青少年面临的问题和保护他们的权益。社区工作在青少年权益保护方面可以发挥积极的促进作用,发挥自身优势,从权益保护策略方面探索更多途径,做好青少年权益保护工作。再如,成立亲子互动小组。如"家庭夏令营""家庭拓展训练"等,运用社区方法,整合资源,探索建立社区支持网络。利用小组活动形式的多样性,满足父母的需求,既能拓展家庭教育指导服务的有效性,又是该问题由理论到实践的途径之一。

小组工作法的服务效果不仅在于帮助服务对象解决问题,更要注重能力的形成与素养的提升。社区工作者作为引导者更加注重提高其自我解决问题的能力和技巧,从而更好地预防和处理家庭教育中可能面临的问题和困境。在社区工作者的倡导和协助下,也可成立父母主导的互助支持团体,彼此沟通交流、提供情感支持,分享家庭的教育经验,充分发挥父母在活动中的主体作用。

(五)个案工作法

个案工作法指的是对家庭中某一个体或其家庭在较长时间内连续进行持续性的观察与调查,了解并收集全面的资料,从而研究其发展变化过程并提出有针对性的改进方案的一种工作方法。个案工作的对象既可以是个人,又可以是家庭,由社会工作者开展一系列服务工作,帮助对象解决问题,学会处理问题的技巧,达到增能的目的,从而令个人、家庭能更好地发展。

首先,资料收集与诊断。在社区家庭教育指导服务的个案工作中,首先可以通过资料的收集来帮助进行需求的诊断与评估，分析父母在家庭教育中的困惑和问题，为其提供直接的、具体的帮助，激发他们的潜能。例如，一个对 4 岁幼儿家庭开展的个案工作中，社区工作者一方面到幼儿园与幼儿接触，观察其在幼儿园的生活表现；另一方面通过家访的形式了解幼儿的家庭环境，包括父母及家庭成员的基本情况及教育行为，并且定期参与到家庭生活中，观察父母与孩子的沟通方式、行为方式并从中发现问题，了解到夫妻的对话方式以及父母是如何和孩子进行对话的，对幼儿的个性心理品质和表现有所掌握。通过观察发现：该个案中，幼儿父母的教育观念和行为存在两个问题：一是父母对于爱的理解存在偏差，父母往往是出于"为了孩子好"的目的，对孩子过多干预、过分保护；二是父母对孩子的期望度较高而接纳程度较低，每当父母看到孩子的行为不妥时，就会给他指正并让他改变。

其次，个案服务与帮助。服务与帮助的重心应侧重于问题的预防。在社区家庭教育指导服务的个案工作中，家庭教育指导服务的目的就是促进父母自我成长、自我修行、自我发展，给予孩子需要自主成长的时间与空间，使他们的人格朝着健康、积极的方向发展。这就要求社区工作者与社区家庭有广泛而直接的接触，对于潜在的、可能出现问题并且需要协助的家庭及成员有高度的敏感性，能够及早发现家庭中的教育问题，做好需求评估并及时给予适宜的服务。当社区工作者对于个案家庭的情况不能有效处理或者超出服务范围时，则需要协助进行顺利的转介处理。

三、公共文化服务机构的家庭教育指导服务

要健全社会教育资源有效开发配置的政策体系,加大图书馆、博物馆、科技馆、纪念馆、运动场、少年宫、儿童活动中心等公益设施的建设力度,免费向学生开放。

图书馆、博物馆、文化馆、纪念馆、美术馆、科技馆、体育场馆、青少年宫、儿童活动中心等公共文化服务机构和爱国主义教育基地每年应当定期开展公益性家庭教育宣传、家庭教育指导服务和实践活动,开发家庭教育类公共文化服务产品。公共文化服务机构应承担起家庭教育指导服务职能。具体可以开展以下几方面的工作。

(一)建立健全管理机构,完善工作机制

倡导并鼓励以本单位为主体,组织开展家庭教育指导服务活动,发挥本单位的优势,更有针对性地补充学校家庭教育指导服务的不足,从而体现出家庭教育指导服务的多样性。同时在现有协调机构的基础上,建立完善家庭教育工作的协调机构,加强部门之间的联系沟通,形成整体工作合力,公共文化服务机构应与教育主管部门联手,共同负起指导和推进家庭教育的责任。要探索和建设家庭教育工作的指导机构,进一步加强对家庭教育工作的指导、管理和服务。

(二)整合各方资源,形成整体合力

要牢固树立全局意识和一盘棋思想,把家庭教育指导服务

与本机构各项工作有机结合，加强统筹，优势互补，协调动作，整体推进。一是要整合活动资源，主动与学校、社区联系沟通，促进各项活动的相互融合。二是要整合设施资源，充分运用现有的各类教育活动设施开展工作，尤其要善于运用好各类工作平台和学校、图书馆、博物馆、少年宫等各类教育资源，实现资源共享。三是要整合宣传工作资源，突出不同时期的宣传主题，运用好各类宣传舆论阵地，形成宣传工作合力。还要切实加强内部工作整合，更好地为社会提供家庭教育指导和服务。

（三）结合专业理念，丰富指导服务内容

倡导将社会工作的专业理念与方法以及社区公共服务的技巧等与家庭教育指导服务相结合，充分地开发和利用各种教育资源，从而拓宽家庭教育指导服务工作的渠道、丰富家庭教育指导服务工作的内容与形式，并且为儿童青少年及其父母提供安全的心理环境，在家庭教育指导服务的专业性、家庭教育指导立场的特殊性、家庭教育指导内容的丰富性、家庭教育指导方式的多样性、家庭教育指导资源的整合性等方面不断开拓创新，有利于增强社会机构的凝聚力、促进父母的自我教育和自我服务。

（作者缪建东系南京师范大学教授，中国教育学会家庭教育专业委员会副理事长）

第十四章

《中华人民共和国家庭教育促进法》法律责任对未成年人父母的行为规制

第十四章 《中华人民共和国家庭教育促进法》法律责任对未成年人父母的行为规制

《中华人民共和国家庭教育促进法》（以下简称《家庭教育促进法》）通过立法赋权、赋能家长，并通过国家支持、社会协同保障每个家庭获得必要支持，调动各方资源对家庭教育加以专业指导，规范家长及服务机构等相关机构的行为。《家庭教育促进法》第五章"法律责任"则回答了父母应该依法做好哪些事、政府及社会该扮演怎样的角色等问题；为父母划出了底线要求，提供了"托底式"服务，努力走出一条符合中国特色社会主义的助力家庭教育的坚实步伐。

一、《家庭教育促进法》：一部具中国特色与国际视野的法律

《家庭教育促进法》既立足于我国基本国情，也借鉴了其他国家的立法经验，是一部具有中国特色和国际视野的专门法。这部法律具有一些特色与亮点。

首先，明确规制了家庭教育的责任，尤其是家长及未成年监护人的主体责任。《家庭教育促进法》的一个基本宗旨就是要通过家长开展科学、系统的家庭教育，促进儿童及青少年一代的健康成长。《家庭教育促进法》一方面对家庭教育的私人性与公共性作了较为谨慎的处理，另一方面又强化了儿童的权益和家长及监护人的责任，对家庭教育的具体内涵及家长和监护人的法律责任做了明确、具体的规定。

其次，进一步明确立德树人是家庭教育的根本任务，同时也体现了与国际理念相一致的保障儿童权益的立法意图。如规定要"尊重未成年人人格尊严,保护未成年人隐私权和个人信息,

保障未成年人合法权益";"县级以上地方人民政府应当加强监督管理,减轻义务教育阶段学生作业负担和校外培训负担"。从多个维度强化儿童的权益,增加了对儿童各项权利的保障力度,这是我国人权事业的又一个进步。

纵观当今世界,在不少发达国家已有许多家庭教育立法的实践与经验。在很多国家的相关法律中,对父母及监护人的法律责任、违反法律应该追究的责任,以及司法如何介入等,都有明确和具体的规定。例如,在欧美、日本等国家,出现以下几类情况是要被追究法律责任的。

第一,侵犯儿童的合法权益。例如,不准离婚父母的一方探视儿童;不让孩子上学;出于惩罚的目的,长时间不让儿童正常玩耍;孩子生病时有意拖延;让孩子熬夜学习,损害孩子的身心健康行为;等等。对违反的监护人,轻者会受到警察的训诫,情节严重的会被追究法律责任。

第二,打骂虐待儿童。例如体罚儿童、给儿童带来身体伤害、长时间不让儿童吃饭等。除了身体上的虐待以外,很重要的是不允许对儿童进行心灵上的虐待和羞辱,如嘲笑儿童的某一缺点、让儿童自愧不如他人、长时间地故意贬低儿童的自尊等。

第三,对儿童疏于照顾。比如有些国家法律规定,12岁以下的儿童在家必须要有监护人陪伴,孩子放学以后,不能一个人独自在家;12岁以下的儿童不能坐汽车的前排(即使系着安全带);类似儿童把头伸出汽车的天窗,监护人或父母把孩子独自关在车内等行为等都是严重的忽视行为。如果由于父母和监护人的疏忽,导致儿童出现意外伤害,或者仅仅因为这样的行为被发现，就可能被追究法律责任。

第四，儿童出现侵犯他人权利的恶意行为。如拉帮结派、约会暴力、以强凌弱、残酷虐待、网络欺凌及性骚扰等伤害他人的行为都会受到法律的责任追究。对此类违法行为不但警察会介入处置（即使是小学生），涉及违法行为的儿童及监护人还可能面临司法介入后的法律后果。这些儿童及监护人还会被强制接受心理辅导、心理治疗和家庭教育指导。

二、家长不履行家庭教育职责将被追究相关法律责任

如果说《家庭教育促进法》第二章"家庭责任"是从正向、从法律层面明确未成年人父母或其他监护人负实施家庭教育主体责任的话，第五章"法律责任"则是明确了家庭教育实施不当或者家庭教育服务实施不当的法律责任。不负责任的家长会受到哪些惩戒呢？在《家庭教育促进法》第五章"法律责任"做了具体规定。

《家庭教育促进法》第四十八条指出："未成年人住所地的居民委员会、村民委员会、妇女联合会，未成年人的父母或者其他监护人所在单位，以及中小学校、幼儿园等有关密切接触未成年人的单位，发现父母或者其他监护人拒绝、怠于履行家庭教育责任，或者非法阻碍其他监护人实施家庭教育的，应当予以批评教育、劝诫制止，必要时督促其接受家庭教育指导"。第四十九条规定："公安机关、人民检察院、人民法院在办理案件过程中，发现未成年人存在严重不良行为或者实施犯罪行

为，或者未成年人的父母或者其他监护人不正确实施家庭教育侵害未成年人合法权益的，根据情况对父母或者其他监护人予以训诫，并可以责令其接受家庭教育指导"。第五十四条规定："违反本法规定，构成违反治安管理行为的，由公安机关依法予以治安管理处罚；构成犯罪的，依法追究刑事责任。"

从以上相应法条的规定中，可以看到《家庭教育促进法》相关规制既考虑了家长及未成年监护人实施家庭教育的现实状况，又充分兼顾了该法的倡导性原则与可操作性相结合。从而督促各级组织对家庭教育各司其责，家长要尽心尽责，不能应付对待，为儿童的权益保护、有效引导提供了明确的法律保障。这表明，当家庭遇到困难、问题，甚至家庭教育出现失职的情况时，政府相关职能部门有责任依法干预。这种干预大致分为两个方面，一个是软化干预，一个是硬性干预。所谓软化干预就是，当家长或未成年监护人在家庭教育过程中遇到困难、问题时，若家长不知道如何正确应对、解决，可以主动向政府提供的家庭教育公共服务体系寻求帮助；而当未成年人家长或监护人出现严重的家庭教育失职，导致孩子出现比如违法犯罪、严重不良行为时，政府相关部门或司法机关会强制父母接受家庭教育指导等，对怠于履行监护人职责的，公检法机关将令其纠正，甚至将受到法律处罚。

在《家庭教育促进法》原一审稿中，针对家长拒不履行家庭教育责任曾写有罚款、拘留等惩罚性措施，但在后续审议过程中，此条最终被删除，修改为对家长实施批评教育、劝诫制止、予以训诫等措施。就这点来说，该法确实适当做了"软化"处理，但目的还是督促不履职的家长纠正其行为，承担起作为未成年监护人的应有责任。为达到本法的立法目的，既要有倡导性、引领性规范，也需要有强制性规范。公检法机关若发现父母严重违法实施家庭教育的情形亦会做出更有针对性惩罚。

《家庭教育促进法》的出台，不仅规定了不履行职责的不利后果，也不仅仅是"娃不教，家长受训诫"，更重要的是帮助未成年人父母或其他监护人提高家庭教育意识和能力。为了保护未成年人身心健康，保障未成年人合法权益，对怠于履行监护人职责的监护失职行为，将依法令其纠正，引导其积极正确履行监护职责，强化监护意识，做好家庭教育。

与此同时，《家庭教育促进法》对于相关职能政府部门、家庭教育指导机构、中小学校幼儿园、婴幼儿照护服务机构、早期教育服务机构等违反本法，也作了依法处置等规定。如第五十条指出："负有家庭教育工作职责的政府部门、机构有下列情形之一的，由其上级机关或者主管单位责令限期改正；情节严重的，对直接负责的主管人员和其他直接责任人员依法予以处分：（一）不履行家庭教育工作职责；（二）截留、挤占、挪用或者虚报、冒领家庭教育工作经费；（三）其他滥用职权、玩忽职守或者徇私舞弊的情形。"

第五十一条规定："家庭教育指导机构、中小学校、幼儿园、婴幼儿照护服务机构、早期教育服务机构违反本法规定，不履行或者不正确履行家庭教育指导服务职责的，由主管部门责令限期改正；情节严重的，对直接负责的主管人员和其他直接责任人员依法予以处分。"第五十二条则指明："家庭教育服务机构有下列情形之一的,由主管部门责令限期改正;拒不改正或者情节严重的,由主管部门责令停业整顿、吊销营业执照或者撤销登记:(一)未依法办理设立手续;(二)从事超出许可业务范围的行为或作虚假、引人误解宣传,产生不良后果;(三)侵犯未成年人及其父母或者其他监护人合法权益。"

三、《家庭教育令》是《家庭教育促法》实施的一个亮点

《家庭教育促进法》正式实施后,若遇到"不合格"的父母,相关部门应该如何处置或纠正呢?这是本法正式颁布后社会普遍关注的一个突出问题。最近多地签发实施的"家庭教育促进条例"和开出的"家庭教育指导令",则为《家庭教育促进法》具体贯彻落实提供了可供借鉴的实践探索。

案例一:2022年1月,广东省新会市最近发生一起寻衅滋事案,被告人小依、小文以及参与作案的未成年人小兰(另案处理)等人,深夜在公园内,为发泄情绪、逞强耍横,以使用拳脚、伸缩棍和手机数据线殴打、用矿泉水和奶茶泼洒等方式对被害人小希实施欺凌,导致被害人面部、体表轻微伤。在办案过程中,新会法院承办法官进一步了解到,小兰、小希作为未成年被告人、未成年受害人,均存在无故夜不归宿、交友不当、进出与之年龄不相符场所等不良行为。经对上述未成年人的成长生活轨迹调查等,承办法官还发现其监护人存在监护主体意识不强、教育方式不当等问题,家庭教育缺位在一定程度上导致违法犯罪行为的发生。对此,承办法官联合新会区妇联

组织两个家庭召开了一场特殊的"家长会",补上了"作为父母,依法应当承担实施家庭教育职责"的法治教育课。会上,承办法官对监护人此前的家庭教育缺位行为进行深刻教育,并结合身边的真实案例,向其释明关于履行对未成年人监护责任的法律依据及不履行的法律后果。同时,还围绕如何调整沟通技巧、改善家庭氛围、提升教育理念等方面指导其转变家庭教育方式方法,引导监护人切实承担对未成年人的监护教育责任。

根据《家庭教育促进法》及《未成年人保护法》相关规定,法官对小兰、小希二人的监护人发出《家庭教育令》。为切实增强其监护责任意识,监护人当场承认自己监护失职并出具《家庭教育承诺书》,承诺将认真严格履行监督管教责任,帮助未成年人回归正轨。

案例二:2022年1月4日,在《家庭教育促进法》实施后的第一个工作日,作为我国大陆地区少年审判的发源地,上海长宁法院首次运用本法对涉及少年离婚案件当事人进行家庭教育指导,未成年人与家事案件综合审判庭在一起涉及离婚案件审理中,依法对当事人父母双方进行法庭教育。

廖某某与宗某某因夫妻感情破裂,经法院调解离婚,双方约定女儿宗某随父宗某某生活。2020年5月,廖某某以宗某某在抚养女儿期间,对女儿实施严重家暴行为,不利于女儿身心健康为由诉至法院,请求判令将女儿变更随其共同生活。在庭审中,父亲自述因其望女成凤心切,对女儿学习要求严苛,易生焦虑又无计可施,情急之下才对女儿实行了"棍棒教育"。而年满八周岁的女儿本人也到庭表示不愿继续随父亲生活。在承办法官主持调解下,宗某的父母自愿达成调解协议:女儿宗某随母亲廖某某生活,父亲宗某某定期支付女儿抚养费。宗某某亦表示不主张对女儿的探望权。此案运用《家庭教育促进法》开展普法教育,为维护未成年人合法权益提供了"升级版"保障。

案例三:2021年10月21日,江苏淮安清江浦区人民法院受理了一起案件,原告周某、赵某因感情不和协议离婚,双方决定将刚出生的小女儿送给他人抚养。后经朋友介绍,被告朱某夫妇从赵某处将女婴带回抚养。事后,原告双方关系有所缓和,对送养小女儿一事感到后悔,多次与被告协商将孩子送还,但被告不同意。双方诉至法院后,经过调解,被告同意将孩子送回原告处,原告给予一定经济补偿。审理查明,他们并没有到民政部门进行合法的收养登记。根据《未成年人保护法》及《家庭教育促进法》的相关规定,父母不得不履行未成年人监护人责任,也不允许对未成年子女进行非法送养。该区人民法院对周某、赵某"非法送养"之违法情形予以训诫,责成他们立即改正,承诺遵守上述法律的相关法规,今后切实承担起履行对未成年子女的监护职责。

案例四:在《家庭教育促进法》正式颁布之际,四川泸州叙永县家庭教育指导工作站,处理了首例涉诉未成年人家长未履职之案件。刘某和张某夫妻双方因为离婚纠纷导致13岁的女儿产生厌学情绪,不间断逃学,父母处于放任状态,老师多次家访劝其返校无效。于是,承办法官向这对夫妻发出了"责令接受家庭教育指导令",指派两名家庭教育指导师对其行为进行指导,取得明显效果。

案例五：2022年1月6日，湖南省长沙市天心区人民法院，法官运用《家庭教育促进法》相关条款宣读"被告陈某怠于履行其抚养义务和承担监护职责"，最终法院判决其抚养权仍然归陈某所有，并发出一份《家庭教育令》，对其失职行为依法予以纠正。该令规定陈某不得让8岁孩子单独与保姆居住生活，应让孩子与其同住，并由其本人或近亲属亲自养育与陪伴孩子。

在具体司法实践中，我国签发的"家庭教育令"有效期限一般是一年，一年以后法院将对履行情况进行评估。经评估认为执行义务人已经成为合格家长，《家庭教育令》自然失效。若执行义务人改正错误行为程度没达到"家庭教育令"的规定，相关部门单位（未成年人所在学校，当地妇联、社区）可向人民法院提出延长《家庭教育令》，让当事家长再一次戴上"紧箍咒"，期限再延长一年。若执行义务人根本没有改变，甚至变本加厉，依据《家庭教育令》内容，由相关单位向法院提出申请，对当事家长追究民事或刑事法律责任。

由上所述，《家庭教育令》作为贯彻落实《家庭教育促进法》司法与教育相结合之探索实践，是各地市县地方法院发挥审判职能作用，配合政府及有关部门建立家庭教育工作联动机制，共同做好家庭教育工作的创新实践。它有利于依法纠正父母拒绝、怠于履行家庭教育责任，以及不正确实施家庭教育损害未成年人合法权益的行为。

（作者杨雄为中国教育学会家庭教育专业委员会副理事长、上海社科院社会学所研究员）

中华人民共和国家庭教育促进法解读

后 记

  《中华人民共和国家庭教育促进法》（以下简称《家庭教育促进法》）已于 2022 年 1 月 1 日正式开始实施，家庭教育从家事变成了国事，这是新中国历史上一件具有里程碑意义的大事。

  中国教育学会家庭教育专业委员会（以下简称"中教家委"）作为由中国教育学会主管的以家庭教育研究和推广为使命的专业机构，义不容辞地肩负着配合本法的实施进行宣传和推广的责任，理应充分发挥中教家委的专家及专业优势，向全社会普及《家庭教育促进法》颁布的意义和价值，宣传家庭教育的先进理念与科学方法。

  作为中教家委理事长，深感责任重大，使命光荣。2022 年 1 月 20 日，我专门召集了全体理事长会议，和各位副理事长以及新华出版社领导一起，对《家庭教育促进法》的颁布及本法中的重点内容进行了深入探讨和交流，最终就编写《家庭教育促进法解读》一书达成共识。本书的编写是学法、普法的需要，我们针对《家庭教育促进法》中全社会最关心且最重视的问题，组织相关专家进行详细解读，帮助父母和相关家庭教育工作者了解、学习、运用本法，让本法的制定和实施能在实践层面起到预期中对家庭教育提供支持和帮助以及进行规范和指导的作用。

  本书正文共十四章，分别为各个领域的专家学者担纲解读。他们分别是：中教家委常务副理事长翟博执笔"《中华人民共和国家庭教育促进法》的指导思想"；本人执笔"中国家庭教育的优良传统"；中教家委副理事长赵刚执笔"国外家庭教育立法与借鉴"；中教家委副理事长王大龙执笔"《中华人民共和国家庭教育促进法》的历史沿革"；中教家委副理事长钱志亮执笔"《中华人民共和国家庭教育促进法》出台的时代背景"；教育部家庭教育指导委员会主任委员张志勇执笔"《中华人民共和国家庭教育促进法》的立法意义和价值"；中教家委副理事长吴重涵执笔"《中华人民共和国家庭教育促进法》的时代特性"；中教家委原常务副理事长孙云晓执笔"《中华人民共和国家庭教育促进法》的家庭教育主体责任"；中教家委副理事长汪凌执笔"《中华人民共和国家庭教育促进法》的家庭教育内容"；《中国教育报》家庭教育周刊主编杨咏梅执笔"《中华人民共和国家庭教育促进法》的家庭教育方式方法"；中教家委副理事长卢勤执笔"尊重规律　尊重孩子　尊重科学是家庭教育的基本要求"；中教家委常务副理事长鹿永建执笔"全面落实国家支持和促进家庭教育的法定职责"；中教家委副理事长缪建东执笔"家庭教育的社会协同"；中教家委副理事长杨雄执笔"《中华人民共和国家庭教育促进法》法律责任对未成年人父母的行为规制"。

要特别感谢以上各位撰稿老师针对《家庭教育促进法》各章节以深入浅出的方式所做的精彩解读和分析,感谢他们对本书编写工作给予的大力支持,也感谢他们对家庭教育事业的这份热爱。

感谢中国教育学会对本书编写提供的大力支持,特别感谢朱之文会长为本书作序,这是对中教家委此项工作的高度认可和肯定。

还要特别感谢中教家委秘书处的全体同志,陈东强秘书长、蓝玫副秘书长以及卢宇、卢丽娟同志为本书的编写做了大量卓有成效的后勤服务工作。

最后,特别感谢新华出版社社长匡乐成、总编辑许新和责任编辑徐光副总编辑在本书的编写过程中提供的许多有价值的编写建议和细致周到的服务工作,保证了本书的顺利出版。限于水平,本书在编写和出版工作中难免存在疏漏之处,恳请读者朋友们批评指正。

家庭是社会的细胞,也是教育的基石。希望通过本书,能切实帮助人们解决对《家庭教育促进法》的认知困惑,扫除家庭教育的盲区。让我们一起努力,为了中国的家庭更幸福,未来更美好!

中国教育学会家庭教育专业理事长　朱永新
2022 年 4 月 7 日